DU MÊME AUTEUR

ROGER NIMIER, TRAFIQUANT D'INSOLENCE, Le Rocher, 1989, prix des Deux-Magots.

BASSE SAISON, roman, Albin Michel, 1991.

LA VIE SERA PLUS BELLE, roman, Albin Michel, 1994, Livre de Poche, 1996.

PORT D'ATTACHE, roman, Albin Michel, 1998. Prix François Mauriac de l'Académie française et Prix Henri Queffelec, 1998.

SOUVIENS-TOI DE LISBONNE, La Table Ronde, 1998.

MAUPASSANT, LE CLANDESTIN

Olivier Frébourg

MAUPASSANT, LE CLANDESTIN

MERCVRE DE FRANCE

© *Mercure de France, 2000.*

Pour Cécile et Martin

« Je tiens ma vie tellement secrète que personne ne la connaît. Je suis un désabusé, un solitaire et un sauvage. Je travaille, voilà tout, et je vis d'une façon tellement errante pour être isolé, que pendant des mois entiers, ma mère seule sait où je suis. Personne ne sait rien de moi. »

GUY DE MAUPASSANT.

« La démarche littéraire est pour nous comme pour marcher sur la corde raide. Ces allusions, ces équivalences, ces analogies que nous plaçons tantôt à droite et tantôt à gauche de notre cheminement ont pour but de nous maintenir en équilibre. »

ALBERTO SAVINIO.

AVANT-PROPOS

Trente-trois ans. Je me marie. Dernière nuit dans ma chambre de jeune homme, à Dieppe. Dans la bibliothèque, les livres de mon état civil. Demain, je solde. Je relis *Fort comme le mort*, édition Schmidt. Trois volumes en cuir fauve de Maupassant. Je les tiens de mon grand-père. Sans eux, je serais passé à côté de la littérature. Maupassant ne s'est pas marié. Flaubert non plus. Cette nuit, je les invite à l'enterrement de ma vie de garçon. Ils vont m'en vouloir : nous avons partagé ensemble une jeunesse normande. Je suis le traître.

Voyage de noces. Étretat. Je rôde autour de la villa de Maupassant. Les volets sont fermés. C'est l'hiver. Je feuillette l'annuaire téléphonique, à la recherche du propriétaire. Ma femme me prend pour un agent double. Le lendemain, nous nous envolons pour la Sicile. Dois-je lui avouer que nous suivons Maupassant à la trace : la littérature est l'art des coïncidences.

Retour à Paris. Champagne. Le vin préféré de Maupassant. Je ne tiens pas en place. Je pars à sa recherche sur les rives de la Seine, en Normandie, sur la Riviera, en Italie. Je m'installe à son bureau, dans sa chambre. Je respire les parfums qu'il aimait, interroge les occupants de ses maisons. Je retrouve les décors de ses contes et nouvelles, passe des nuits dans des hôtels de province, sillonne des départementales, rencontre des inconnus. Ce livre est le récit d'une vie de garçon, un voyage de noces avec la littérature.

PREMIÈRE PARTIE

Le songe de Miromesnil

La vie de Guy de Maupassant ou l'histoire d'un Normand qui rêve de prendre la mer. Il est né à Miromesnil dans un château du XVIIe siècle qui ne lui laissa aucun souvenir. Écrivain des origines, il lit dans la terre natale, le pedigree, le destin d'un homme. La bâtardise l'a obsédé, la grossesse, l'enfantement dégoûté.

Les habitants du pays de Caux ont les pieds enfoncés dans la glaise, les bras tendus vers le ciel, les yeux perdus vers la mer. Ils creusent le sillon, prient pour leurs récoltes, rêvent aux Tropiques comme à une femme trop belle. L'esprit méfiant, la silhouette lourde, ils ne connaissent qu'une vérité : la terre.

Parfois, leurs racines les étranglent : au mois de décembre sous un ciel de plomb, la Normandie connaît une flambée de suicides. Une grange, une poutre, la corde. Ces pauvres gueux préfèrent la mort à la parole, le silence à l'aveu, la culpabilité à la légèreté.

Maupassant, le Normand, reste l'enfant du pays. Mais cet Antigone du plateau a été sacrifié. Selon la rumeur, il est allé se perdre à Paris. Les femmes lui ont tourné sa pauvre tête déjà si fragile. Éther, opium, orgies, quelle débauche !

Comparé à lui, Flaubert est un notaire qui a remarquablement préparé sa postérité. Ce roc ne subit aucune attaque.

Dans notre arbre généalogique normand, Corneille est le grand-père solide. Flaubert, le père modèle, foudroyé en plein chef-d'œuvre inachevé. Et Maupassant le jeune fou. Il y a aussi le cousin de Rouen, Saint-Amant et celui d'Étretat, Maurice Leblanc. On les retrouve aux fêtes de famille, trois fois l'an.

Pendant près d'un siècle, les biographes se sont affrontés autour du lieu de naissance de Maupassant. Une guerre de clochers opposa Fécamp à Miromesnil. Match de division d'honneur. Laure de Maupassant n'aurait pas accepté que son fils naquît à Fécamp, ville qui puait la morue, et l'aurait transporté en secret, comme un passager clandestin, au château de Miromesnil. Cette bataille de Normands a caché le désordre de sa vie, la violence de son œuvre. L'admirateur du marquis de Sade était mortifié par les académies de province et les sociétés savantes, nettoyé, aseptisé, présenté sous l'uniforme de conteur normand : blouse bleue, gros sabots, foulard rouge.

Aujourd'hui encore, Maupassant sent le soufre. Son anticonformisme, sa solitude d'albatros, sa vie d'indomptable mettent le feu aux chaumières. Et au château de Miromesnil, les propriétaires lui ont longtemps fermé la porte.

Dans la géographie de Maupassant, Miromesnil est devenu une coquille vide. Les biographes ne se sont pas donné la peine de s'y arrêter. C'est pourtant un splendide château en brique de Varengeville et pierre blanche, à la belle harmonie Louis-XIII.

Guy de Maupassant y ouvre les yeux, la tête tournée vers le sud, le lundi 5 août 1850, à huit heures du matin. Au fond du parc, la mer. Les verts éclatent dans une brume de chaleur.

La futaie de hêtres est une coulée d'absinthe. Un cèdre du Liban protège le château du soleil. Normandie, voyage en Orient. Château de Miromesnil, palais mauresque dans une oasis. Au loin, des navires glissent entre les jetées de Dieppe, cap vers Casablanca ou Agadir. Les Normands n'ont-ils pas été rois de Sicile ?

Ce jour-là, Gustave Flaubert voyage entre Beyrouth et Jérusalem. En compagnie de Maxime du Camp, il traverse à cheval la Syrie, longe la mer : « c'est bien là l'orient, et le vrai voyage. Je jouis de tout ; je savoure le ciel, les pierres, la mer, les ruines ; je casse-pète. »

À Dieppe, le *John-Mary* emmené par le capitaine Seymour appareille pour Londres, chargé de blé et le *Magician* commandé par le capitaine Scott transporte vingt-sept passagers pour Newhaven. Chaleur accablante, vent de sud. Le *Deux-amis*, un navire plus modeste, barré par le capitaine Gruson, met le cap sur Le Tréport avec un chargement de houille. Guy de Maupassant achètera plus tard une grosse barque baptisée les *Deux-amis* et la transformera en caloge, petite habitation typique du pays de Caux. Il l'installera à Étretat dans le jardin de sa villa La Guillette. La caloge servira de logement à son domestique François Tassart.

La semaine de la naissance de Maupassant, le journal local *La Vigie* vante la parution du livre du docteur Samuel Meert, *Préservation personnelle*. Sujet : « Les déplorables effets produits par l'onanisme, les excès, la contagion, l'influence des climats tropicaux, etc., avec les observations pratiques sur les habitudes secrètes des collèges, la faiblesse nerveuse, la syphilis, le rétrécissement de l'urèthre, les indigestions, l'hypocondrie, la folie, les éruptions, les rhumatismes, la phtisie. » L'ouvrage, annonce certaines maladies de Maupassant.

Le 5 août 1999, cent quarante-neuf ans précisément après sa naissance, je reviens à Miromesnil. Au lendemain d'une nuit d'orage, de pluies, le soleil adoucit les briques orangées du château. Le maître des lieux, le comte Thierry de Vogüé essaie de se faire obéir de ses deux bas-rouges. Il fume une cigarette. Allure paisible et chaleureuse de l'homme de la terre, qui accorde sa vie au rythme des saisons.

— Vous êtes de la famille de l'écrivain Melchior de Vogüé qui rencontrait Maupassant au dîner des Macchabées ?

— Melchior de Vogüé est mon arrière-grand-père et Eugène Melchior de Vogüé, mon arrière-grand-oncle. On les confond très souvent. Ils ont été tous deux membres de l'Académie française. Melchior, c'est l'archéologue spécialiste de la Syrie. Et Eugène Melchior, l'écrivain, l'auteur de romans à succès comme *Jean d'Agrève* et *Le Roman russe*. Il a été diplomate à Saint-Pétersbourg. Melchior était intelligent et puritain. Eugène, bon vivant et amateur de femmes. Entrez ! Je vais vous montrer une photo de lui avec Maupassant.

Sous le grand escalier d'honneur, une vitrine abrite une édition de *Boule de suif* et de *Mademoiselle Fifi*, l'acte de baptême et d'ondoiement de Maupassant. Une photo le représente à trente-huit ans aux côtés de Mme Straus, Mme de Brossia, du général Annenkov et d'Eugène Melchior de Vogüé.

Dans les années 1880, Maupassant le retrouvait au dîner des Macchabées, chez la comtesse Potocka. Chaque vendredi, cette reine du Tout-Paris, l'une des grandes passions de Maupassant, recevait dans son hôtel particulier de l'avenue de Friedland. Elle avait constitué autour d'elle un « suicide-club sentimental », cour de fanatiques qui se vouait à elle « à la vie, à la mort ». Parmi les autres fidèles, les peintres Gervex,

Jacques-Émile Blanche, les écrivains Paul Bourget, Jules Lemaitre, le duc de Luynes, les ambassadeurs d'Autriche, d'Allemagne et de Grande-Bretagne.

Les Vogüé sont propriétaires du château de Miromesnil depuis 1938. Descendants de la maréchale de Lannes dont un portrait par Gérard décore le salon, ils se sont d'abord illustrés en Champagne. Bertrand de Vogüé, le père de l'actuel propriétaire, a présidé aux destinées de la Veuve Clicquot. Son frère, Robert de Vogüé, a dirigé Moët et Chandon. Maupassant raffolait du vin de Champagne. Passion de jeunesse, que la maladie ne parvint pas à éteindre.

Hormis cette vitrine, peu de chose rappelle la naissance de Maupassant à Miromesnil.

— Mon père, m'explique Thierry de Vogüé, était un homme bon, social et puritain qui rougissait devant une jeune fille. Il considérait Maupassant comme un débauché, un voyou qu'il n'aurait pas pu inviter à sa table.

Le comte et la comtesse Bertrand de Vogüé, deux fortes personnalités, ne badinaient pas avec l'étiquette. Ils ont privilégié la mémoire d'Armand Hue de Miromesnil, garde des Sceaux de Louis XVI, marquis généreux avec ses paysans, qui donna son nom à une rue de Paris. Son blason — trois hures de sanglier — orne les murs du château. Sa bibliothèque a été partiellement reconstituée : *Fables* de La Fontaine, *Roland furieux* d'Arioste, un livre sur le Bengale, un autre sur les eaux minérales d'Allemagne et un *Précis sur le traitement des maladies vénériennes* par de Horne, édité par Monory, rue de la Comédie-Française, en 1775. Un livre qui convient à la panoplie de Maupassant le syphilitique, l'orgiaque, le débauché, né dans le château d'un garde des Sceaux, ministre de l'ordre public.

— Et la chambre de Guy ?
— Au premier étage ! Dans l'une des deux tourelles. Montons !

Parquet dix-huitième, cheminée en marbre gris. La forme circulaire de la chambre épouse celle de la tour. La pièce servait à Laure de Maupassant de dressing et communiquait avec sa propre chambre, beaucoup plus vaste. Le père, Gustave, logeait dans une chambre de la façade nord, transformée depuis en salle de bains.

Sous le ciel normand, l'enfant paraît sain. La mère se porte bien. Au XIXe siècle, une grossesse sans difficulté est un miracle. Un an plus tard, en 1851, le docteur Achille Flaubert, frère de Gustave, procédera à l'autopsie d'un corps de femme. Il y trouvera un fœtus calcifié qui avait séjourné dix-huit ans dans l'abdomen. Ce fœtus pareil à une statuette africaine trône au musée Flaubert de l'histoire de la médecine, à Rouen.

Le 5 août, à dix heures du soir, à la mairie de Tourville-sur-Arques est déclarée la naissance de « Henri, René-Albert-Guy de Maupassant, fils de Gustave-François-Albert de Maupassant et Laure-Marie-Geneviève Le Poittevin, tous deux âgés de vingt-huit ans, vivant de leurs revenus et demeurant au château de Miromesnil. »

De son lit d'enfant, et par l'unique fenêtre, Guy de Maupassant pouvait apercevoir le cèdre du Liban qui donne à certaines heures du jour une pose orientale à Miromesnil. J'ai ouvert la fenêtre, admiré cet arbre qui a protégé les premières nuits de Maupassant. Mon regard s'est perdu vers le fond du parc : un saut de loup développe la perspective sur vingt hectares.

Maupassant reviendra une seule fois sur son lieu de naissance. Dans une lettre du 22 octobre 1878 — il a vingt-huit ans —, il raconte à sa mère sa visite en compagnie de son ami rouennais Robert Pinchon : « Le lendemain, dès le matin, nous sommes partis pour Miromesnil où nous avons gagné le château par la grande avenue qui voit la mer, au-dessus de Saint-Aubin-sur-Scie. La façade du château de ce côté ne m'a rien rappelé. Comme il était habité et que des gens à l'air bête se promenaient... »

La lettre a été retrouvée déchirée. Artine Artinian, le spécialiste américain de Maupassant, s'est demandé si cette mutilation ne dissimulait pas un terrible secret de famille, un mensonge sur ses origines.

Après une enquête de plusieurs années, deux historiens dieppois, Mireille Bialeck et Michel Fécamp, ont récemment apporté les preuves manquantes du séjour des Maupassant à Miromesnil de 1849 à 1851. Ils ont découvert chez le notaire d'Ouville-la-Rivière des documents mobiliers et retrouvé la trace de la location de leur banc d'église à Tourville-sur-Arques.

Enfant, l'été, mon grand-père m'emmenait dans sa voiture à toit ouvrant au château de Miromesnil. Nous habitions Dieppe. Début des grandes vacances. Dans ses yeux bleus de Viking, il n'y avait aucun doute : Maupassant était né là, non à Fécamp. Maupassant faisait partie de notre héritage comme l'armoire normande qui revenait toujours à l'aîné de la famille ou les fusils de chasse à percussion centrale.

Pour Guy de Maupassant, Miromesnil fut un songe, une douce rêverie. Il n'en garda aucun souvenir, ne l'évoqua jamais dans son œuvre. Dieppe, située à huit kilomètres, est de temps à autre citée mais n'appartient pas au cœur de sa géographie. Beauté magistrale de la propriété : Gustave et Laure de Maupassant s'imaginaient vivre en seigneurs. À vingt-huit ans, rentiers, ils jugeaient légitime de succéder au marquis de Miromesnil. Petits-bourgeois, ils se prenaient pour des aristocrates. La crise les dessoûlerait.

Aujourd'hui, Thierry de Vogüé s'efforce de retrouver des éditions originales de Maupassant. Dans son jardin — l'horticulture est sa passion comme elle fut celle du frère de Guy, Hervé —, il cultive une rose Guy-de-Maupassant.

— C'est une fleur pseudo-ancienne qui a la particularité de pourrir avant de s'ouvrir. Regardez! Ses pétales jonchent le parc.

Rose Maupassant à la boutonnière, je quitte le château de Miromesnil et le comte Thierry de Vogüé. Avant de reprendre la route, je passe par la magnifique hêtraie qui semble plonger dans la mer. Près d'une mare dédiée à saint Antoine, une chapelle du XVIe siècle. À l'intérieur, une forte odeur de cire. La voûte en bois construite par des charpentiers de marine fait songer à une coque de bateau renversé. Maupassant, futur propriétaire de yachts, a été ondoyé sous un ciel marin.

D'où venons-nous ?
Que sommes-nous ? Où allons-nous ?

Je ne vais pas prendre la route de Fécamp. Mais celle de Rouen. Direction : Les Andelys. À l'arrière de la voiture, Maupassant dans l'édition Schmidt. Trois volumes au dos orné d'un fer doré. Sur la jaquette, un portrait du « taureau triste » : moustache vigoureuse, cheveux ondulés, rides de bourlingueur, redingote, chemise à col rond, cravate piquée d'une épingle. Enfant, cette édition a enchanté les dimanches de ma vie[1].

Avant d'évoquer la jeunesse de Maupassant, partons à la recherche de son oncle, Alfred Le Poittevin. Pour comprendre l'éducation de Guy par sa mère et l'attitude de Flaubert envers son futur disciple, il ne faut pas laisser s'échapper le fantôme de ce dandy excessif, cynique, supérieurement intelligent. Né le 29 septembre 1816, il a été avocat puis renonça à toute activité. Son amitié de jeunesse avec Flaubert, son cadet de cinq ans, naît autour de la littérature, de la philosophie.

---

1. Albert-Marie Schmidt édita à partir de 1956, chez Albin Michel, les contes, nouvelles et romans de Maupassant. Il lui consacra aussi une remarquable monographie. À son fils, l'écrivain Joël Schmidt, j'ai demandé l'origine de l'intérêt de ce grand protestant, spécialiste de la littérature du XVIe siècle, pour Maupassant : « L'érotisme », m'a-t-il répondu.

Gustave Flaubert et Alfred Le Poittevin s'aiment. Leur correspondance, un pacte d'amour ! Le 1er mai 1845, Alfred Le Poittevin écrit à Flaubert qui accompagne sa sœur, Caroline, en voyage de noces : « Reviens donc, j'ai soif de toi ; nous sommes deux trappistes qui ne parlons que quand nous sommes ensemble. » Le 26 mai, Flaubert, après avoir avoué, « c'est une chose singulière comme je me suis écarté de la femme », exige : « Reste à Rouen, que je t'y trouve quand j'y serai vers le 15 juin... Je m'embête d'être seul. — Sais-tu qu'il y a bien de la logique dans notre union ? Il est fort simple que le son monte en l'air et que les astres suivent leur parabole. Nous agissons de même. Uniques de notre nature, isolés dans l'immensité, c'est la providence qui nous fait penser et sentir harmoniquement. »

Ensemble, ils ont inventé un personnage rabelaisien : le « garçon », provocateur, grossier, ennemi du bon sens, « compissant le bourgeois ». Ils se sont rencontrés à Rouen — leurs mères étaient amies de pensionnat — et communient dans leur haine de la ville, de son étouffement, de sa bourgeoisie.

Alfred n'a pas l'énergie de Gustave, cette vocation de plomb de l'écriture qui fait fondre les faiblesses et les vices d'un homme. À la bibliothèque de Rouen se trouvent des ébauches de ses manuscrits, *Les Bottes merveilleuses*, *La Promenade du Bélial*, un conte poétique, dont Flaubert aimait répéter cette phrase : « Il ira, joyeux oiseau, saluer dans les pins le soleil levant ; puis coursier fringant, bondir dans les plaines. »

Alfred ressemble à Raoul de Vallonges, le héros de *Penses-tu réussir* de Jean de Tinan. Il faut l'imaginer fumer le cigare, pester contre l'ordre bourgeois, raconter des anecdotes obscènes sur ses conquêtes féminines. C'est un surdoué qui pèche par faiblesse, un raté. Il épouse en 1846 Louise de

Maupassant et sa sœur, Laure, Gustave de Maupassant. Les deux familles se sont connues à La Neuville-Chant-d'Oisel, dans l'Eure, où elles possèdent une propriété.

Le mariage d'Alfred ? Une blessure dans le cœur de Flaubert. Apprenant ses fiançailles, il lui répond de Croisset en amant délaissé : « Il est trop tard ! Qu'il en soit ce qu'il en sera ! Toujours tu me retrouveras. Reste à savoir si moi je te retrouverai. Ne te récrie pas. »

Flaubert lui reproche d'avoir abandonné le temple de l'amitié et de l'art. Il débutera sa liaison avec Louise Colet en juin, un mois plus tard. Il vivait alors une disponibilité amoureuse. Deux ans plus tard, le 3 avril 1848, Alfred Le Poittevin meurt à La Neuville-Chant-d'Oisel, près des Andelys, dans la propriété des Maupassant. Cancer ? Syphilis ? Insuffisance cardiaque ? Quelques jours avant, il lisait encore Spinoza. Le soleil entre dans sa chambre par la fenêtre : « Fermez-la. C'est trop beau, c'est trop beau. » Fin d'un papillon de nuit qui ne supporte plus la lumière. Flaubert gardera sa dépouille mortelle. Il est là et ailleurs, dans sa propre œuvre. Le quotidien, aussi tragique soit-il, ne l'atteint plus. Alfred avait choisi la vie, il en est mort. Gustave a préféré l'art, acier moins inoxydable. Pendant la veillée funèbre, Flaubert lit *Les Religions de l'Antiquité* de Creuzet, *Les Feuilles d'automne* de Hugo : « Quand le jour a paru, à 4 heures, moi et la garde nous nous sommes mis à la besogne. Je l'ai soulevé, retourné et enveloppé. L'impression de ses membres froids et raides m'est restée toute la journée au bout des doigts. Il était horriblement putréfié, les draps étaient traversés. Nous lui avons mis deux linceuls. Quand il a été ainsi arrangé il ressemblait à une momie égyptienne serrée dans ses linges et j'ai éprouvé je ne puis dire quel sentiment énorme de joie et de liberté pour lui. »

Ces derniers jours passés avec Le Poittevin relèvent du surnaturel. Flaubert fait des rêves : « J'ai eu des aperceptions inouïes et des éblouissements d'idées intraduisibles. Un tas de choses me sont revenues avec des chœurs de musique et des bouffées de parfum. » Après l'enterrement, il reviendra à Rouen, avec Louis Bouilhet, au grand galop, cigare aux lèvres, crinière au vent.

À la sortie de Rouen, les lacets bucoliques de la côte de Bonsecours évoquent une tour de Pise gardant la Seine. Ensuite, le plateau de Boos, une triste banlieue industrielle. La Neuville-Chant-d'Oisel est un bourg étroit, en longueur. Paysage intact, ondulé, verdoyant. Devant cette vague de verdure, expira Alfred Le Poittevin.

Nous sommes déjà dans l'Eure, coincée entre la Seine-Maritime et l'Île-de-France, qui respire un peu l'ennui. Heureusement, la Seine casse la monotonie, illumine le paysage. Flaubert et Le Poittevin se sont souvent promenés jusqu'aux Andelys. Après la côte des Deux-Amants, la Seine large, épaisse, fatale exerce une attraction. Ses méandres donneraient presque l'envie de se jeter du haut des falaises de craie ou, plus romantique, de s'y noyer comme un personnage de Byron.

Le site des Andelys est dominé par les ruines de Château-Gaillard, ancienne forteresse de Richard Cœur de Lion. Dans la forêt, à côté, Guy de Maupassant bivouaquera pendant la guerre de 1870, pilonné par l'artillerie prussienne. Il en conservera aussi des souvenirs plus ensoleillés quand il s'adonnera aux plaisirs de la yole, du canotage « à travers le plus adorable pays du monde et le plus propre aux descriptions ».

Je me suis installé devant la Seine, à La Chaîne d'or, l'une des meilleures tables de la région. « Nous arrivons aux Andelys. C'est ici qu'on commence à boire du cidre. » J'ai préféré un vin de Provence, un château-du-rouit 1996, qui me rapprochait du sudisme de Maupassant et effaçait les pluies estivales des jours précédents. Une belle lumière aux couleurs chavirées pouvait faire croire au bonheur. Le vent soufflait, agitait la Seine. Le sensible Alfred Le Poittevin la contemplait de loin tandis que le sanguin Maupassant couchait dessus, ramait des heures et des heures. Des bateaux de plaisance, des barges, des péniches, des pousseurs ont remplacé les yoles.

Au XIXe siècle, l'hôtel de La Chaîne d'or abritait l'octroi. Maupassant n'y a pas dégusté ces langoustines grillées accompagnées d'un croquant de pommes de terre, d'andouilles de Vire et d'un jus de braise ni le camembert au calvados. Le cadre aurait pu lui inspirer une nouvelle dans le style de *Boule de suif* ou de *Mademoiselle Fifi*, un huis clos meurtrier au bord de l'eau.

Guy de Maupassant n'a jamais connu son oncle, mort deux ans avant sa naissance. Laure Le Poittevin a perdu le frère admiré. À quelle idole se vouer ? Elle ranimera chez Guy le génie d'Alfred. Il sera investi de son fantôme. Comme lui, il connaîtra la révélation de la littérature dans Shakespeare. Le neveu transformera l'échec de l'oncle en chef-d'œuvre.

Guy de Maupassant n'est pas le fils de Flaubert. Neuf mois avant sa naissance, l'ami d'enfance de Laure Le Poittevin se trouvait déjà en Orient. Il avait quitté Paris le 28 octobre 1849. Il ne supportait pas l'idée de la paternité, ne pouvait s'empêcher de regarder un enfant dans son berceau sans penser qu'il deviendrait un jour un cadavre. À Croisset, dans son bureau, il conservait une urne votive contenant les ossements calcinés d'un enfant brûlé en sacrifice à Moloch. Souvenir des ruines de Carthage.

Laure Le Poittevin n'est ni une génitrice normande ni une lady Macbeth, dévorée par l'ambition avant de s'effondrer dans le remords. Flaubert, qui restera son ami, ne l'aurait pas supporté. Ses lettres sont celles d'une femme de caractère, aimant la littérature. N'y affleure aucun trait d'hystérie ou de mythomanie. Les biographes jugent Laure déséquilibrée, décèlent une fixité dans son regard. C'est une femme grande, brune, au visage sévère, au regard un peu buté.

Mère envahissante et compatissante, atteinte de la maladie de Basedow, elle vécut quatre-vingt-trois ans. Cette affection de la thyroïde entraîne une exophtalmie — yeux exorbités —, une réfraction à la lumière, des cris de douleur. Les avis médicaux sont aujourd'hui unanimes : cette maladie rarement héréditaire ne porte pas à la folie des grandeurs. Les yeux de Guy de Maupassant ne présentaient aucune trace d'exophtalmie.

Laure déversera sur la tête de Guy l'or de la littérature. Au-delà des liens affectifs, elle mettra le feu à l'imagination de son fils. Plus tard, elle sera sa confidente. Il lui racontera ses liaisons. Elle donnera son avis sur ses manuscrits, critiquera un dénouement. Relation libre, ambiguë, artistique : respect, devoir, fidélité, grand amour. Après la mort de Guy, gardienne vigilante, elle s'accrochera à son œuvre comme s'ils l'avaient conçue ensemble. Un écrivain, un homme célèbre, son rêve !

J'ai demandé à l'astrologue Solange de Mailly-Nesle d'étudier à l'aveugle le thème de Maupassant, né sous le signe du Lion. Je lui ai communiqué sa date, son heure, son lieu de naissance sans lui dévoiler son identité. La relation avec sa mère est l'un des traits marquants de cette étude : « Être inquiet jusqu'à l'anxiété, il a sûrement cherché un réconfort auprès de sa mère, avec laquelle il partageait une grande proximité au quotidien mais qui ne pouvait probablement pas calmer ses angoisses qui étaient d'un autre ordre. Le sujet a projeté sur autrui et sur le monde une perpétuelle demande d'amour le plus souvent assortie d'une perpétuelle insatisfaction. »

Laure Le Poittevin épouse Gustave de Maupassant le 9 novembre 1846. Originaire de Lorraine, la famille Maupassant avait été anoblie en 1752 par l'empereur d'Autriche, François. Elle portait le titre à brevet de marquis, abandonné à la Révolution française en même temps que leur particule. Avant d'accepter le mariage, Laure demande à Gustave de la récupérer : elle lui est restituée par un jugement du tribunal civil de Rouen.

Gustave de Maupassant mérite mieux que le second rôle obscur accordé par Paul Morand : « M. de Maupassant père est un mystère (rien n'est plus mystérieux que les êtres sans profondeur). On ne sait presque rien de lui : il déçut sa femme, lui fit mille six cents francs de pension annuelle, manqua toujours d'argent, survécut à son fils et termina ses jours dans le Midi en 1899. Il a du sang créole (sa grand-mère est de l'Île Bourbon) ; il est très beau, peu intelligent, faible, dépensier, coureur. »

J'ai longtemps recherché le portrait de Gustave de Maupassant par Hippolyte Bellangé, au musée des Beaux-Arts de Rouen. En vain ! Il avait été relégué à la remise. Un conservateur m'y emmena. Au fond, cette éclipse convenait à la personnalité de Gustave de Maupassant. Joseph Hippolyte Bellangé (1800-1866) a surtout peint des scènes militaires mais son talent excellait dans des tableaux de genre. Ce bonapartiste de sensibilité libérale avait été exposé au Salon de

Paris avant de diriger le musée des Beaux-Arts de Rouen. Il fréquenta la famille Maupassant et guida le jeune Gustave dans ses premiers pas de peintre.

Au fond, à droite, une maison carrée, un paysage vallonné, des arbres. Au premier plan, Gustave, vingt-deux ans, assis contre une barrière de pré sur laquelle reposent son haut-de-forme et sa canne à pommeau à tête de chien. Pantalon écossais, gilet de soie, cravate à deux tours, le petit lord de La Neuville-Chant-d'Oisel affiche une allure britannique. Le visage est fin, le menton pointu, les yeux allongés. Guy aura un visage plus massif, plus carré, comme sa mère, mais de son père héritera les cheveux bouclés, la bouche délicate, les yeux où coule un peu de langueur créole. Gustave pose en artiste. Il tient un pinceau d'une main; de l'autre, une aquarelle et un carton à dessins.

Ce tableau reviendra au fils d'Alfred Le Poittevin, Louis, cousin et intime de Guy, peintre paysagiste, élève de Bougereau, qui composera les panneaux de porte de La Guillette, la villa d'Étretat.

Gustave de Maupassant, personnage de la bohème chic, épris de peinture, vit en rentier. Mais la ruine de son père, propriétaire terrien, l'oblige à travailler à Paris comme agent de change. L'argent l'épuisera : il rêve de vivre selon son humeur et sa vocation artistique. Guy le jugera avare, s'éloignera de lui. Le 27 février 1892, Gustave de Maupassant écrira à l'avocat de son fils, maître Jacob : « Hélas! mon pauvre Guy n'avait pas la bosse de la famille! — En dehors de sa mère qui avait une influence extrême sur lui, la famille était peu de chose... Je suis séparé à l'amiable de Madame de Maupassant par acte simple de juge de paix, et celle-ci a toujours tout fait pour empêcher Guy de me voir... Aussi Guy venait à peine une fois par an chez moi à Paris ; moi j'allais lui serrer la main de temps en temps. »

Séparé de sa femme, Gustave travaille à la Bourse et peint. Il va en Auvergne, à Châtelguyon. Le manque d'argent le pousse aussi à fréquenter l'école de Pont-Aven, la pension Gloanec dont il devient l'une des figures.

« Ce sont d'abord les Américains qui vinrent dès le milieu du siècle, assure Michel Mohrt. Ils furent suivis par les Anglais, les Finlandais, quelques Français ; les premiers venus étaient des peintres académiques, dont le chef s'appelait Gustave de Maupassant, père d'un écrivain qui a donné à ce nom un plus grand lustre. »

Impressionniste, Gustave de Maupassant peint des paysages, des montagnes, des bords de mer, des aquarelles avec des bateaux, du ciel bleu et gris, des toits ocre. À Pont-Aven dont il connaît le dicton : « Pontaven, ville sans renom. / Femme sans tétons. Autant de moulins que de maisons. / Autant de catins que de chaussons », il fait la connaissance de Gauguin ravagé lui aussi par des soucis financiers. Les relations ne sont pas bonnes. Gustave de Maupassant, artiste bourgeois, conventionnel le juge fou. Aux yeux du révolutionnaire Gauguin, il passe pour « pompier ». Dans son journal, le peintre Maurice Denis note cet incident : « C'est Gauguin qui a peint la fête Gloanec signée Madeleine Bernard... il avait pensé que sa nouvelle formule pourrait être considérée par Marie-Jeanne Gloanec comme une fumisterie, et c'est afin qu'elle ait droit à l'accrochage dans la salle à manger que Gauguin signa du nom de Mlle Bernard... Ce n'est pas seulement par crainte de l'avis de la mère Gloanec que Gauguin signa du nom de Madeleine B., mais aussi pour éviter les récriminations du chef des "pompiers", ou des impressionnistes,

35

qui avait là grande influence, M. Gustave de Maupassant, père de Guy. »

Sans doute, Gustave est-il complexé, autoritaire par excès de faiblesse. Il souffrira du succès de son fils. Lui estime n'avoir jamais été reconnu à sa juste valeur. Couvert de gloire, d'argent, Guy décrit dans une lettre datée d'août 1885, lors d'un séjour en Auvergne, un épisode pathétique : « Mon père fait une cure d'aquarelle. Il ne regarde d'ailleurs dans ce pays que des bouts de toits et des cours de maisons... Il a reçu une lettre d'un marchand de couleurs qui le félicite sur son grand talent. Après m'avoir communiqué cette lettre qui l'avait affolé, il a ajouté : "Tu vois que je suis arrivé. Je n'ai plus besoin que de réclame." »

Gustave de Maupassant a soixante-quatre ans. C'est un vieillard à barbe blanche. Convaincu de son talent, il recherche l'admiration des autres : « Guy s'est montré peu tendre fils à mon égard », écrira-t-il à maître Jacob. Guy le regarde lucidement, le juge peu intelligent.

Le 5 août 1890, Guy de Maupassant cabote sur son yacht, le *Bel-Ami*. Il apprend que son père doit rendre visite dans l'après-midi au gardien du sémaphore. François Tassart, le valet de chambre de Guy, rapporte dans ses Mémoires une scène, exacte métaphore des rapports du père et du fils : « Monsieur explorait la côte avec sa longue-vue, quand il aperçut quelqu'un qui agitait un mouchoir blanc en l'air. Il reconnut son père : "Comme c'est singulier, dit-il, cette manière d'agiter son mouchoir! Ce n'est pas un salut, il le fait aller de gauche à droite, très vite comme un signe de détresse." »

En réalité, il signale à l'équipage des récifs dangereux. Mais comment ne pas voir l'image du vieil homme resté à terre, seul sur le littoral, lançant des signes désespérés à son fils qui vogue, porté par un bon vent d'est ?

À la fin de sa vie, Gustave de Maupassant se retire définitivement à Sainte-Maxime. Il souffre de ne pas assez voir la petite Simone, la fille de son cadet Hervé, ravie par la main mazarine de Laure. Il paie ses négligences de coureur de jupons peu apte au métier de mari et de père.

Avec l'âge, un fils finit toujours par ressembler à son père. Il s'oppose à lui, s'éloigne : la force des gènes le rattrape. Un détail, une expression, une attitude. Gustave fut un peintre, un amateur de femmes. Il a transmis à son fils l'art des couleurs, son appétence sexuelle. La folie des sens de Guy de Maupassant révélatrice d'une immaturité affective s'explique aussi par cette singulière absence de la figure paternelle. Elle a engendré un sentiment de solitude, un désespoir des origines.

Guy de Maupassant n'a jamais voulu être un père officiel : le sien n'a pas relevé le défi de la paternité. Le lien anéanti, il restait un fantôme. Cette carence prépare la rencontre au sommet avec Flaubert.

Le jour de l'enterrement de son fils, au cimetière du Montparnasse à Paris, Gustave de Maupassant se signalera une nouvelle fois par son absence. Sans doute, le voyage coûtait-il trop cher à ce naufragé sans le sou.

Vue sur mer

Où Guy de Maupassant a-t-il vu la mer pour la première fois ? À Dieppe ? Fécamp ? Étretat ? Elle sera son énergie, sa vieille maîtresse. Plus tard l'eau, sa douleur. Maupassant n'est pas un paysan cauchois mais un écrivain maritime. Jamais, il ne quittera le littoral des yeux. Normandie, Bretagne, Midi, il dégagera vers le grand bleu. Il a besoin de cette respiration, de cette hydrothérapie. Elle lui inspirera le mouvement. Nageur, marin, rameur, il attaquera l'eau sous tous les fonds. Assez de Paris ? Il filera vers Étretat ou Antibes. Un livre à écrire, la mer sera son encre bleue. Maladies, nausées, vertiges, douleurs oculaires, il exigera la douche froide de Charcot qui arrache des cris.

En 1853, Gustave et Laure de Maupassant quittent Miromesnil. À Grainville-Ymauville, près de Fécamp, ils louent un château, plus modeste, bordé de peupliers et de fermes. Vie oisive des Maupassant. Ils se rendent au château de Bornambusc où habite la sœur de Laure, Virginie, qui a épousé Charles Gustave d'Harnois de Blangues. Ils visitent la mère de Laure, Victoire Le Poittevin qui, depuis la mort de son mari, s'est retirée dans sa maison de Fécamp, en bordure du port, au 98, rue Sous-le-Bois. À son petit-fils, elle racontera des légendes maritimes. Caroline Franklin-Grout, la nièce de Flaubert et amie d'enfance de Guy, témoigne : « La vie était large et bonne chez Mme Le Poittevin. Elle appelait à elle très souvent ses petits-enfants. C'est ainsi que Guy de Maupassant fut mon camarade de jeu. Bien que plus jeune que moi de 4 ans, il prétendait, étant donné sa supériorité d'homme, entendre être toujours le maître. J'acceptais, nous ne nous querellions jamais.

« Son jeu favori était de simuler un navire sur un banc de gazon qui avait, aux deux bouts et derrière des arbres qui devenaient des mâts, et les commandements étaient lancés d'une voix ferme : tribord, bâbord, larguez les voiles, etc.

« J'étais, le mousse, le matelot, le second. »

Naviguer, écrire, aimer... Le reste est ennui, déperdition d'énergie. Aujourd'hui, la maison de Fécamp a été en partie détruite. Subsistent le rez-de-chaussée et le premier étage. La propriété abrite le lycée maritime Anita-Conti. Une construction moderne, aux formes arrondies : une passerelle de bateau. La rue Sous-le-Bois a été baptisée quai Guy-de-Maupassant. La sente aux Matelots longe un côté de l'ancienne propriété. Maupassant l'a souvent dévalée. Au-dessus, la rue du Cap-Fagnet aligne des maisons mitoyennes de pêcheurs. Plus haut, des pavillons modernes, cossus avec des ancres dans le jardin. Et si les yeux se tournent vers le ciel, la chapelle Notre-Dame-du-Salut. Autrefois, les pèlerins empruntaient la sente aux Matelots pour atteindre cette chapelle du XIIe siècle, ancrée sur la plus haute falaise, au-dessus du port de Fécamp, de la mer immense. À l'intérieur des ex-voto maritimes et une plaque commémorant le naufrage du chalutier *Snekkar-Artic* en février 1986.

Je ne reviens jamais à Fécamp sans penser à ce drame de la mer que j'avais couvert pour un quotidien. De ma chambre de l'hôtel de l'Univers, face à l'église Saint-Étienne, j'avais immédiatement aimé Fécamp. Dans les bars, pas d'autre sujet de conversation que le naufrage du *Snekkar*. Hiver glauque, venté. Les familles des dix-sept disparus avaient accepté de me recevoir. Des veuves d'une vingtaine d'années, en pleurs, qui ressemblaient à des boxeurs molestés. Le sens de la fatalité, la familiarité avec la mer, cette faux nourricière, les empêchaient de lui en vouloir. Elles ne connaîtraient pas le dénouement heureux du *Retour*, un conte de Maupassant, qui se passe dans la région de Fécamp, où un naufragé revient chez lui quinze ans après et retrouve sa femme mariée à un autre.

Maupassant n'aimait pas l'autobiographie. Il s'est conduit en clandestin, a volontairement oublié son état civil pour l'ouvrir, le fondre dans une région à la fois maritime et rurale. Il n'est pas l'enfant de Miromesnil, de Fécamp ou d'Étretat mais l'amant de toute la Normandie. Il collectionne les études de genre, les lieux, les noms, les situations pour écrire son catalogue de la condition humaine. Quand il s'agit de lui, Maupassant perd son sens de la précision. Mais Fécamp a été la ville du premier apprentissage : « J'ai grandi sur le rivage de la mer, moi, de la mer grise et froide du Nord, dans une petite ville de pêche toujours battue par le vent, par la pluie et les embruns, et toujours pleine d'odeur de poisson, de poisson frais jeté sur les quais dont les écailles luisaient sur les pavés des rues, et de poisson salé roulé dans les barils, et de poisson séché dans les maisons brunes coiffées de cheminées de briques dont la fumée portait au loin, sur la campagne, des odeurs fortes de hareng. Je me rappelais aussi l'odeur des filets séchant le long des portes, l'odeur des saumures dont on fume les terres, l'odeur des varechs quand la marée baisse, tous ces parfums violents des petits ports, parfums rudes et senteurs âcres mais qui emplissent la poitrine et l'âme de sensations fortes et bonnes. »

Fécamp, le cœur noir de la région. Construction de bateaux, charpentiers navals, ateliers, calfats, mareyeurs, saleurs. Un écrivain apprend tout d'abord à peindre, à dessiner des paysages, à respirer des odeurs. Au XIXe siècle, logée dans une vallée, Fécamp puait. Effluves du large, de l'industrie maritime. Le peintre William Morgan en a dressé une pertinente typologie : « La morue, reine du port. La puissante odeur de l'huile de foie de morue qui dégueulait des fûts, les boucanes qui fumaient le hareng : La fumée de copeaux de hêtre, âcre, piquant les yeux... avait la densité du brouillard. Et les ateliers de filetage. »

Les odeurs ont empêché cette petite ville de prétendre au titre de reine des plages. Elle appartiendra définitivement au tiers état du littoral. Laure Le Poittevin la juge trop ordinaire. Entre quatre et neuf ans, Guy viendra passer ses vacances à Fécamp. Une conscience s'éveille. Son caractère s'avère difficile. Il perçoit les tensions entre ses parents. Dépression qui couvre le grand ciel de l'enfance, ce premier royaume maritime.

Le château de Grainville-Ymauville servira de modèle au manoir des Peuples dans *Une vie*, premier roman de Maupassant publié à l'âge de trente-trois ans : « C'était une de ces hautes et vastes demeures normandes tenant de la ferme et du château, bâties en pierres blanches devenues grises, et spacieuses à loger une race. »

Il raconte la vie de Jeanne Le Perthuis des Vauds : à la

41

sortie du couvent, elle va connaître les horreurs du mariage en épousant le vicomte Julien de Lamare et celles de la maternité avec son fils, Paul. Jeanne et Emma Bovary partagent de nombreux traits : naïveté, romantisme, sensualité refoulée.

Maupassant se prête toutes les ambitions. Il se mesure au chef-d'œuvre de Flaubert, monument contemporain. Mais Jeanne ne trompe pas son mari, elle est trompée. Comme Laure de Maupassant, elle a épousé un séducteur avare : « Il possédait une de ces figures heureuses dont rêvent les femmes et qui sont désagréables à tous les hommes... Le charme langoureux de cet œil faisait croire à la profondeur de la pensée et donnait de l'importance aux moindres paroles. »

Une vie est le roman des saisons. Il s'organise autour d'un équilibre climatique. Quand Jeanne sort du couvent, il pleut : « La pluie était le premier gros chagrin de son existence. » Tous les drames qu'elle subira éclatent sous un ciel noir qui se confond avec le pays de Caux. Les rares moments de bonheur, notamment la découverte de la sensualité en Corse, seront placés, eux, sous le signe de l'eau, du soleil : « Elle se promettait une joie infinie de cette vie libre au bord des flots. »

La nature joue un rôle déterminant. Elle oriente la vie. Le reste est factice : l'éducation bourgeoise, les parents de Jeanne, le vicomte Julien de Lamare. Seules Jeanne et sa servante Rosalie, son ancienne sœur de lait, à qui Julien fera un enfant sont les personnages vrais, sincères. C'est la grande différence avec Emma Bovary, romanesque, sophistiquée. « La vie, voyez-vous, conclut Rosalie, ça n'est jamais si bon ni si mauvais qu'on croit. »

Grainville-Ymauville n'abrita pas le bonheur : trop de disputes conjugales. En 1856, naît Olivier, François, Marie-Hervé de Maupassant, le frère de Guy. Un enfant de la terre,

« un brave petit paysan » comme l'écrira sa mère à Gustave Flaubert. Il jouera avec Jean Lorrain, son voisin à Fécamp. Hervé, cadet de famille, futur sous-off des hussards, promis à un rôle de second, le portrait psychologique de son père, aura l'intelligence d'aimer les fleurs. Il s'installera horticulteur à Antibes. Et comme si la poésie des fleurs le portait vers des cieux mystérieux, il deviendra fou. Une insolation, selon Laure de Maupassant. Elle redoutait qu'il ne passât pour aliéné. Victime d'une paralysie générale, il sera interné à l'asile de Lyon-Bron ou il mourra le 13 novembre 1889.

Un frère est une part de soi et l'inverse de soi. Guy, l'aîné, s'occupe de son cadet avec des instincts paternels. Il paie sa pension. Pour un homme réputé ne pas avoir le sens de la famille, il assume un rôle qui incomberait à son père. Il devra suer sur tous les fronts. Pas de répit. Le labour, tous les jours.

Peu après la naissance d'Hervé, Gustave de Maupassant est obligé de travailler à la Bourse et de s'installer à Paris avec toute sa famille. La ruine de son propre père ne lui laisse pas le choix. Guy est alors inscrit au lycée Napoléon (actuellement Henri-IV). La naissance d'un nouvel enfant n'a pas rapproché Laure de Gustave. Elle se sent bafouée par son mari qui la trompe allégrement. L'hiver 1860, une femme et ses deux garçons partent pour Étretat.

Le bonheur à Étretat

C'est l'hiver, en clandestin, qu'il faut venir à Étretat. D'une chambre de l'hôtel Dormy House, aux volets vert et blanc, on voit les toits des villas et des anciennes maisons de pêcheurs regroupées dans les mailles d'un filet. La fumée des cheminées monte en surimpression dans l'air coupant avec des grâces de danseuse du ventre. Les joues de fonte des radiateurs du Dormy House sont gonflées à bloc, la buée perle sur les portes-fenêtres. Le rose pommelé de l'aube se fond sur l'horizon. La mer est une étoffe de soie, d'un bleu cristallin, à peine découpée par un canot de pêcheur. Un chemin en lacet serpente le long de la falaise d'Amont jusqu'à la chapelle Notre-Dame-de-la-Garde. Le vert de l'herbe contraste admirablement avec le blanc cassé de la craie. Côté Aval, l'aiguille ressemble à une corne de rhinocéros sortant de l'eau. Au débouché de la rue Alphonse-Karr, sur le parking de la place du Général-de-Gaulle, stationnent des canots bleu et blanc.

À l'époque où Maupassant découvre Étretat, il y avait, au même endroit, des caloges, ces barques de pêcheurs ventrues coiffées d'un toit de bois ou de chaume, qui servaient d'abri aux pêcheurs. Il n'existait pas de frontière entre la plage et les rues. Les caloges se mélangeaient aux cabines de bain.

En 1787, le peintre Noël avait représenté une *Vue de la Baye de l'Éguille et des parcs à huîtres d'Étretat*. Ensuite d'autres artistes Isabey fils et Eugène Le Poittevin (aucun rapport avec la famille maternelle de Maupassant) y plantent leur chevalet. Et au début du XIXe siècle, l'écrivain Alphonse Karr lui donne un vernis romanesque.

Comparée au château de Miromesnil et au manoir blanc de Grainville-Ymauville, la villa des Verguies apparaît bourgeoise, plus modeste. André Guérinot en offre une description dans *Le Mercure de France* : « C'était non loin de la mer et le long de la route de Fécamp une maison à deux étages, d'aspect rustique et sans recherche architecturale. Neuf fenêtres se découpaient dans la façade ornée d'un balcon que soutenaient des piliers couverts de plantes grimpantes. Le rez-de-chaussée communiquait de plain-pied, par trois portes-fenêtres, avec un vaste jardin planté de sycomores, de tilleuls et de bouleaux se dressant parmi les touffes d'épines roses ou blanches et de houx ; des massifs et des plates-bandes de fleurs y jetaient l'éclat de leurs couleurs variées et l'embaumaient. À l'intérieur, les amples pièces renfermaient un riche mobilier ancien, rehaussé de bahuts provenant de l'abbaye de Fécamp et de merveilleuses faïences de Rouen, collectionnées avec amour par les grands-parents. »

Jeunesse dans une ville normande. Les plus belles années. Si Maupassant a connu une parenthèse de bonheur dans une vie martyrisée, c'est son adolescence de petit sauvage à Étretat. Bains, insouciance, grand air.

L'eau, selon Bachelard, est la chimie des poètes. Chez Maupassant, elle sera la pâte de ses couleurs. Artiste peintre, seul, face à la mer, il l'utilisera au couteau pour ses propres toiles. Il la prendra à pleines mains, la jettera dans ses livres. Peindre le plus justement, le plus précisément, rien d'autre ne l'obsédera.

Ses rencontres avec des peintres vont marquer son regard d'écrivain : « Un jour, j'étais très jeune encore, et je suivais la ravine de Beaurepaire, quand j'aperçus dans une ferme, dans une petite ferme, un vieil homme en blouse bleue qui peignait sous un pommier. Il paraissait tout petit, accroupi sur son pliant ; et, cette blouse de paysan m'enhardissant, je m'approchai pour le regarder... Il avait des cheveux blancs, assez longs, l'air doux et du sourire sur la figure. Je le revis le lendemain dans Étretat, ce vieux peintre s'appelait Corot. »

Corot. Le vieux Corot. Il est là, avec sa blouse qui le couvre jusqu'aux genoux, cuisses ouvertes, massif, trapu, protégé par sa grande ombrelle, si délicate, si aérienne, les couleurs à son pied, penché vers son chevalet. Corot qui aimait tant la Normandie, Le Havre, Honfleur, Étretat, Bois-Guillaume, juste à côté de Rouen où il séjournait chez des amis, apprenant lui aussi sous ce ciel normand le sens du détail. Corot qui annonce dans certains de ses paysages de campagne, Millet, le peintre préféré de Maupassant.

Comme l'apparition de Mme Arnoult à Frédéric Moreau, cette vision est une révélation. La vie par les yeux. Son futur instrument de travail. Regarder ce qui lui est familier, découvrir une perspective, une couleur, une nuance inconnus : son esthétique d'écrivain.

Deux ou trois ans après, il se promène sur la plage. Il y est venu contempler une tempête. Là, entrer, immédiatement dans l'œil de la dépression : « Le vent furieux jetait sur le pays la mer déchaînée, dont les vagues, énormes, s'en venaient lourdement, l'une après l'autre, lentes et coiffées d'écume... Un homme dit soudain près de moi : "Venez donc voir Courbet, il fait une chose superbe." Ce n'était point à moi qu'on avait parlé, mais je le suivis, car je connaissais un peu l'artiste.

« Dans une grande pièce nue, un gros homme graisseux et sale collait avec un couteau de cuisine des plaques de couleur blanche sur une grande toile nue...
« Sur la cheminée, une bouteille de cidre à côté d'un verre à moitié plein. De temps en temps, Courbet allait en boire quelques gorgées, puis il revenait à son œuvre. Or cette œuvre devint *La Vague* et fit quelque bruit par le monde. »

Massif Courbet. Cette montagne du Jura transplantée sur les rivages de la Normandie. Ogre de femmes, peignant des scènes de chasse l'hiver quand la neige est bleue ou deux lesbiennes endormies. Que de points communs dans la nudité de la réalité, dans la rusticité humaine et l'amour de la mer avec Maupassant.

Le reste du temps, Guy arpente les falaises, cavale dans les bois, découvre des sources. Il mène, selon l'expression de sa mère, « une vie de poulain échappé ». Décidément, Étretat est la station des hommes illustres. Après Corot, Courbet, Maupassant fait la connaissance d'un Anglais : Swinburne.

Cette rencontre placée sous le signe du fantastique, de la déviance se déroulera pendant l'été 1867. À dix-sept ans, Guy participe au sauvetage du poète en villégiature chez son ami Powel. Pour le remercier, l'adolescent vigoureux est invité à déjeuner à la chaumière de Dolmancé qui porte le nom du héros de *La Philosophie dans le boudoir* de Sade. Au menu du singe grillé, de l'excentricité. Les deux Anglais font visiter la maison : « Partout des tableaux, parfois superbes, parfois étranges, fixant des conceptions d'aliénés. Une aquarelle, si je me souviens bien, représentait une tête de mort naviguant dans une coquille rose, sur un océan, sans limites, sous une lune à figure humaine.

De place en place, on rencontrait des ossements. Je remarquai surtout une affreuse main d'écorché qui gardait sa peau séchée, ses muscles noirs mis à nu, et sur l'os, blanc comme de la neige, des traces de sang ancien. »

Cette main, Guy l'achètera plus tard quand l'ameublement sera vendu aux enchères. Elle lui inspirera son conte *La Main d'écorché*. Elle le hantera. Une part de sa vie se passera dès lors sous le signe du fantastique. Le délire de Swinburne, le romantique, le séduit. En 1875, Goncourt rapportera ce déjeuner en racontant que les deux Anglais masturbaient un grand singe hébergé sous leur toit.

Corot, Courbet, Swinburne, la trinité d'Étretat. Trois artistes qui éclairent la vocation de Maupassant. Sa peau, ses sens, sa respiration seront à jamais marqués par la liberté des trois fauves. Sa mère veut en faire un civilisé, un aristocrate de la pensée. Elle choisit pour ses enfants un précepteur, l'abbé Aubourg, le vicaire d'Étretat. Guy se confronte à une autorité masculine et divine. Dieu! Dieu! Dieu! Mais à treize ans, en octobre 1863, il abandonne la mer, entre au séminaire. Il s'enfonce dans les terres, sous un ciel bas et lourd : Yvetot. Un puits au cœur du pays de Caux.

Le cœur du pays de Caux

À mi-chemin du Havre et de Tôtes, Yvetot! Un gros bourg de dix mille habitants. Guy de Maupassant y passera quatre années, chez les curés. Une peine de prison! Lever à cinq heures. Dortoir non chauffé l'hiver. Silence au réfectoire. Surveillance. Fermeté. Égards. Processions. Maupassant se révèle excellent en latin. En français, lectures de Racine, Fénelon. Dans la salle des exercices, il ne voit pas la mer. Les murs de briques rouges ont remplacé les falaises blanches. Rien ne danse. Rien ne souffle. Exil. Il s'ennuie d'Étretat, écrit à sa mère qu'il songe « acheter un bateau comme ceux qui sont dans l'église, c'est-à-dire un bateau-pêcheur tout rond dessous ». Il n'attend qu'une chose : rentrer chez lui, plonger dans le liquide amniotique. Comme beaucoup d'enfants passés par un collège religieux, il deviendra athée par haine des soutanes.

Le 16 mars 1866, Laure de Maupassant confie à Gustave Flaubert : « Je viens d'être obligée de le retirer de la maison religieuse d'Yvetot, où l'on m'a refusé une dispense de maigre exigée par les médecins ; c'est une singulière manière de comprendre la religion du Christ, ou je ne m'y connais pas !...

Mon fils n'est point sérieusement malade ; mais il souffre d'un affaiblissement nerveux qui demande un régime très tonique ; et puis, il ne se plaisait guère là-bas ; l'austérité de cette vie de cloître allait mal à sa nature impressionnable et fine, et le pauvre enfant étouffait derrière ces hautes murailles, qui ne laissaient arriver aucun bruit du dehors. Je crois que je vais le mettre au lycée du Havre pour dix-huit mois, et que j'irai ensuite m'établir à Paris pour les années de rhétorique et de philosophie. »

Hypersensibilité précoce, accès de mélancolie compensés par l'action, la vie en plein air. L'enfant s'insurge contre la collectivité. Il simule des maladies pour revenir à Étretat. Vieille recette utilisée par tous les prisonniers. Il passera deux mois au lycée du Havre avant de retrouver Yvetot.

Dès son adolescence, Maupassant a rejeté la religion. Jamais il ne s'intéressa à l'Ancien, au Nouveau Testament, à l'exégèse biblique. Son œuvre, celle d'un écrivain sans Dieu. Après la séparation de ses parents, le collège d'Yvetot occupe la part noire de son adolescence. Le bleu c'est la mer d'Étretat. En avril 1868, il écrit à son cousin Louis Le Poittevin : « J'étais enfermé dans mon cloître d'Yvetot. Je ne sais si tu connais cette baraque, couvent triste, où règnent les curés, l'hypocrisie, l'ennui, etc., etc., et d'où s'exhale une odeur de soutane qui se répand dans toute la ville d'Yvetot et qu'on garde encore malgré soi les premiers jours de vacances ; pour m'en débarrasser je viens de lire un ouvrage de J.-J. Rousseau. Je ne connaissais pas *La Nouvelle Héloïse* et ce livre m'a servi en même temps de désinfectant et de pieuse lecture pour la semaine sainte. »

Le premier prix de narration française va se rebeller. Le renvoi de Guy de Maupassant du séminaire d'Yvetot ? Un écheveau d'hypothèses, d'affabulations. Dans une lettre à Flaubert du 17 octobre 1879, Maupassant affirme avoir été congédié pour « irréligion et scandales divers ». Dans ses souvenirs, son valet, François Tassart, rapporte les propos de son maître : « Quand le directeur et les pions furent endormis, nous nous empressâmes de prendre au garde-manger et à la cave tout ce que nous avions trouvé de meilleures marques comme vins fins et eaux-de-vie, et, avec mille précautions, le tout fut monté de l'établissement, où nous fîmes une bombance de tous les diables. »

Incertaine mémoire de François Tassart : lors de l'incident, Maupassant avait dix-sept ans, non quatorze. Selon d'autres sources, il aurait écrit un poème libertin. D'après les archives de l'institution ecclésiastique, une société secrète aurait été découverte au sein du collège. Baptisé « L'oasis », ce phalanstère clandestin voué au plaisir, au vin de Champagne luttait contre l'ennui, l'esprit religieux. Sans doute y eut-il une série d'actes jugés indignes par l'autorité. Maupassant fait partie d'un groupe d'élèves chahuteurs. Il clamera toujours son obscénité. Il est raccompagné à Étretat. Mois de mai, le soleil est là. Guy de Maupassant a réussi à échapper au royaume de l'ombre qui voulait le capturer.

À mon tour, je me demande ce que je suis venu faire à Yvetot. Sous le soleil d'une fin de saison, je pourrais rejoindre Étretat, imaginer la vie du balcon du Dormy House. La campagne normande a quelque chose de terrifiant. J'y ai souvent vu la mort rôder derrière les arbres. Un ami m'a donné l'adresse du musée du pays de Caux créé par Constant Lecœur, un familier de Maupassant. Un lieu, paraît-il, insolite. Une halte s'impose.

Dès la sortie d'Yvetot, derrière la gare, je m'enfonce dans

la campagne. Une maison de briques rouges de la fin du XIXe siècle, au bord d'un chemin qui longe des champs, un jardin potager. Et dans les communs, labyrinthe campagnard, le plus fabuleux trésor de la Normandie.

Il y a du possédé chez Constant Lecœur. Barbe blanche, cheveux épais, c'est un marginal de cœur et d'esprit. Apparence rugueuse, âme en or. On dirait un petit arbre du bocage normand, qui aurait essuyé des tempêtes sans jamais se casser. Les larmes ont éclairci le bleu de ses yeux. La terre, il connaît. Né près d'Yvetot, dans une ferme, il a été député mendésiste de 1956 à 1958. Il s'est occupé de la ferme paternelle, d'adolescents en difficulté. Anarchiste, dissident, il a écumé les brocantes, récupéré des objets dont il était le seul à connaître l'origine. Sa collection n'est pas figée sous une vitrine mais pousse comme l'herbe folle. On s'y perd. Quand j'entre dans le musée du pays de Caux, l'univers de Maupassant, soudain, s'incarne.

— Vous vous souvenez de *La Petite Roque*, eh bien, voici les chaussures des ébrancheurs! me lance Constant Lecœur.

La Petite Roque, un conte terrifiant. Il se passe en Normandie mais Maupassant en a inventé la toponymie. Un matin, le facteur, Médéric, découvre dans une futaie du village de Carvelin le corps violé et mort d'une fillette de douze ans. L'assassin est le maire du village, propriétaire terrien à qui appartient la futaie, M. Renardet. Il a agi sur un coup de sang. Veuf, « âme chaste, mais logée dans un corps puissant d'Hercule », il est hanté la nuit par des « images charnelles ». Un jour pour calmer l'ardeur de son sang, il va se baigner dans la rivière où se trouve déjà la petite Roque, nue. Saisi par un « emportement bestial », il viole et étrangle cette « Vénus paysanne ». Renardet n'est pas suspecté mais chaque soir le châtiment lui tombe sur les épaules. La petite Roque réapparaît sous ses yeux. Elle ne le quitte plus. « Et il souffrait, le misérable, plus qu'aucun homme n'avait jamais souffert. »

Il décide de mettre fin à ses jours, de simuler un accident. Il fait abattre sa futaie, là où il a étranglé la petite Roque : « D'abord, les ébrancheurs grimpaient le long du tronc. Liés à lui par un collier de corde, ils l'enlacent d'abord de leurs bras, puis, levant une jambe, ils le frappent fortement d'un coup de pointe d'acier fixé à leur semelle. »

Les chaussures des ébrancheurs en gros cuir marron sont là, devant moi, avec leurs lames de fer d'alpinistes. Constant Lecœur met la ceinture de cuir autour de sa taille, saisit la hache, répétant les gestes lents, précis d'autrefois. La lame est émoussée mais la panoplie de cuir lourde, desséchée, intacte me fait basculer dans le pays de Maupassant et comprendre la simplicité de ses descriptions, la force de son réalisme. Je vois aussi l'horreur du crime de la petite Roque. J'entends le bruit de l'arbre qui craque, tombe. Mais sa trajectoire dévie et Renardet échappe à la mort.

Finalement toujours flagellé par le remords et les apparitions nocturnes de la jeune fille, il décide d'écrire au juge d'instruction, d'avouer son crime. Il dépose la lettre dans sa boîte, guette l'arrivée du facteur, Médéric. Au dernier moment, il se ravise. Il demande à l'employé des Postes de lui restituer son envoi. L'état d'agitation de Renardet le trouble. Le ton monte. Médéric se doute que cette missive contient quelque chose de grave. Peut-être un projet de complot politique. Médéric s'enfuit. Désespéré, Renardet se jette du haut d'une vieille tour, s'écrase contre les rochers baignés par la rivière la Brindille, où le criminel avait rencontré la petite Roque. Il y a tout dans cette nouvelle : le désir, la lâcheté, la sexualité, le crime, l'ordre, l'inconscient, le double et le pays de Caux.

À chaque pas dans le musée, j'ai l'impression d'ouvrir un conte de Maupassant. Ici, c'est une cuisinière en fonte. Là, le décor d'un café de village comme celui d'Yport dans *L'Ivrogne* : une table et des dominos, des chaises cannelées au dos ovale.

— À l'époque, il n'y avait pas de comptoir dans les cafés, m'explique Constant Lecœur. Mais on trouvait des cuillères à absinthe.

Chez Maupassant, on boit de la fine dans un verre de fil. C'est-à-dire du calva. On s'ivrogne. On se boissonne.

À côté, des petits conteneurs de pétrole au doux nom de Luciline. Et puis voici un portrait de l'abbé Monville, l'arrière-grand-oncle de Constant Lecœur, qui recommanda Guy de Maupassant au séminaire d'Yvetot. Plus loin, la veste d'uniforme des collégiens, bleu marine, pareille à toutes les tenues de pensionnats ou de collèges militaires. Et chose incroyable qui me saute aux yeux, un tableau de Gustave de Maupassant. Une composition décevante, impressionniste, aux couleurs pâles, qui pourrait représenter le lit d'une rivière à sec et au loin des falaises. On y voit du sable, de l'herbe. Cela respire la peinture d'amateur, épaisse, grossière.

— Je l'ai trouvée il y a trente ans dans une vente au Havre. Saviez-vous que Maupassant interdisait à son père de signer ses toiles G.M. parce qu'il les trouvait trop médiocres et qu'il avait peur qu'on ne le confonde avec lui. Et puis voici le pot à soupe du *Père Amable*.

Constant Lecoeur me tend le pot de terre cuite vernisée, aux formes hautes, rondes : « C'était un soir sans lune, un soir sans étoiles, un de ces soirs brumeux où l'air semble gras d'humidité. Une odeur vague de pommes flottait auprès des cours, car c'était l'époque où on ramassait les plus précoces, les pommes "euribles" comme on dit au pays du cidre. »

Me revient alors l'odeur du pressoir de mon grand-père. Aussi excitante qu'une première ivresse. Ces caves avec les pommes posées comme des natures mortes dans des cageots recouverts d'un papier journal. Ce cidre orange brut, frais, âpre que l'on buvait dans les champs sous le soleil, à la chasse, le dimanche en famille : fonction ancestrale, vitale, rafraîchissante. Le cidre, le sang de notre terre. La Normandie n'est pas un pays de vin. Il n'y a pas la mémoire, la gravité, le raffinement d'un grand bordeaux ou la jubilation d'un bourgogne. On se rafraîchit au cidre qui titre six degrés, on s'assomme au calva. Ivresse immédiate, brutale.

Pour Constant Lecœur, Maupassant et le pays de Caux se confondent :

— Sa force est d'avoir dilaté les qualités et les défauts de ses habitants.

On entretient avec son pays natal des rapports conflictuels. Lieu de la faute originelle, des bonheurs d'enfance. En vieillissant, un homme ressemble à sa terre d'origine. Maupassant ne cessera de creuser le sillon normand. « J'aime ce pays, écrivait-il au début du *Horla*, et j'aime y vivre parce que j'y ai mes racines, ces profondes et délicates racines, qui attachent un homme à la terre où sont nés et morts ses aïeux, qui l'attachent à ce qu'on pense et à ce qu'on mange, aux usages comme aux nourritures, aux locutions locales, aux intonations des paysans, aux odeurs du sol, des villages et de l'air lui-même. »

Maupassant a peu évoqué la Basse-Normandie, le pays d'Auge. Il est resté accroché au pays de Caux. Est-il allé dans le Cotentin, berceau de ses ancêtres maternels ? Au cimetière de Saussemesnil, près de Valognes, la plupart des tombes portent le nom de Lepoittevin-Dubost. A-t-il visité à Gruchy, près du cap de la Hague, la maison de son peintre favori, Jean-François Millet ? Il aurait aimé cette Irlande normande, ce paysage de granit, de bocage dont Barbey d'Aurevilly est le seigneur. En Normandie, l'habitant du village voisin est déjà un horsain, un étranger.

Je quitte ce musée à regret. Près du jardin potager, un terrain en terre battue au rebord de grès m'intrigue.

— C'est un bouloir. Vous connaissez la boule cauchoise ? Du temps de Maupassant, c'était le jeu le plus populaire dans le pays. Depuis, il est tombé en désuétude. Autrefois, les femmes allaient à la messe et les hommes jouaient à la boule.

Ce sont des palets de bois qu'il faut lancer sur les rebords du bouloir pour qu'ils atteignent le cochonnet appelé ici le « gars ».

— Contrairement à la pétanque, où il faut aller directement au cochonnet, à la boule cauchoise, on fait un détour avant de parvenir au « gars ». C'est révélateur de la mentalité du pays.

Après une première tentative infructueuse — la boule suit une trajectoire circulaire, il faut donc que le bras décrive une ellipse —, mon disque de bois approche du « gars ».

— Point trop mal ! déclare Constant Lecœur.

Avant de nous quitter, il m'explique qu'au temps de Maupassant, le pays de Caux était un pays à moutons. À la fin du XIXe siècle avec la baisse du cours de la laine, la région s'est convertie à l'élevage de la vache et les bergeries ont été transformées en étables. Les moutons ont trouvé refuge dans le Cotentin. En Haute-Normandie, les prés à vaches, les grands champs de blé et de betteraves avec au milieu un bosquet d'arbres isolé composent le paysage, sous de grands ciels griffés par les changements brusques du temps.

Je reprends la route, m'arrête quelques centaines de mètres plus loin au manoir du Fay, demeure du XVIIe siècle à colombages qui a appartenu à l'oncle de Pierre Corneille et où séjourna souvent le tragédien. Corneille, Flaubert, Maupassant, nos trois géants normands se tiennent la main. C'est la fin de l'été. Les champs de blé et le ciel se confondent dans la lumière dorée. Je traverse Saint-Laurent-en-Caux où j'allais chasser avec mon grand-père et la belle vallée de la Saane douce comme un paysage de la Renaissance. Et puis je choisis la route de Rouen.

L'apprentissage de la ville

Tout Normand passe par Rouen. Étape obligatoire : études, apprentissage de la vie, de la ville. Il ne prend pas immédiatement Paris d'assaut. Il mourrait d'asphyxie. Il fait ses armes à Rouen, dernière étape avant la capitale. Certains ne font qu'y passer, d'autres s'y enfoncent.

Au pied de Canteleu, la Seine amorce une grande boucle : « C'est là un des horizons les plus magnifiques qui soient au monde. Derrière nous Rouen, la ville aux églises, aux clochers gothiques travaillés comme des bibelots d'ivoire ; en face, Saint-Sever, le faubourg aux manufactures, qui dresse ses mille cheminées fumantes sur le grand ciel vis-à-vis des mille clochetons sacrés de la vieille cité. »

Maupassant aima le paysage, détesta l'esprit rouennais. Il rejeta la bourgeoisie engoncée dans sa vallée saturée de fumées industrielles d'où émergeaient deux phares : Flaubert et Bouilhet.

Le pavillon de chasse de Croisset abrite deux portraits troublants. L'un de Flaubert, l'autre de Bouilhet. Ils se ressemblent, ils se confondent. Belle gueule ovale de Viking, crâne dégarni, bacchantes de guerrier. Ils sont nés en 1821. Comme Laure

Le Poittevin. Ils seront les patrons de Guy de Maupassant. Élèves du même lycée à Rouen, ils ont fumé ensemble dans le gueuloir de Flaubert : l'étui de cigarettes en cuir rouge de Louis Bouilhet est resté à Croisset. Ils se sont aimés en garçons excessifs, gourmands, lubriques. Mais Gustave est riche, Louis pauvre. Dans la gémellité littéraire, l'un tue toujours l'autre. Dénouement inéluctable. Dans son livre *Pauvre Bouilhet*, Henri Raczymow élève Flaubert au rang de tueur toutes catégories. Il a étouffé de son poids Alfred Le Poittevin, Louis Bouilhet, Maxime du Camp qui lui a survécu mais a été assassiné par la postérité. Et Dieu sait si Flaubert les a aimés.

La première rencontre entre Flaubert et Maupassant date de septembre ou d'octobre 1867. Guy a dix-sept ans. Laure de Maupassant est obsédée par l'avenir de son fils. Elle veut en faire un grand homme. Elle s'adresse à son ami Gustave qui travaille à *L'Éducation sentimentale*. Il a quarante-six ans. Une visite est synonyme de perte de temps. Il bougonne. Au nom de sa jeunesse, il doit recevoir le fils de Laure.

Flaubert-Maupassant, premier tête-à-tête : « Quand il me reçut il me dit, en m'examinant avec attention :

« — Tiens, comme vous ressemblez à mon pauvre Alfred. Puis il reprit :

« — Au fait, ce n'est pas étonnant puisqu'il était le frère de votre mère.

« Il me fit asseoir et m'interrogea. Ma voix aussi, paraît-il, avait des intonations toutes semblables à celles de la voix de mon oncle ; et tout à coup je vis les yeux de Flaubert pleins de larmes. Il se dressa, enveloppé des pieds à la tête dans cette grande robe brune à larges manches qui ressemblait à un froc de moine, et levant ses bras, il me dit d'une voix vibrante de l'émotion du passé :

« — Embrassez-moi, mon garçon, ça me remue le cœur de vous voir. J'ai cru tout à l'heure que j'entendais parler Alfred. » Flaubert n'a pas de fils. C'est un hyperaffectif, un homme à hommes, au cœur de jeune fille. Maupassant pénètre l'intimité de Croisset.

L'année suivante, Guy est renvoyé du séminaire d'Yvetot. Inscrit au lycée Impérial de Rouen, il y achève sa classe de rhétorique. Sa mère habite rue des Écoles, près du lycée. Pour un peu, Rouen aurait des airs de fête. Sa vocation d'écrivain se dessine. L'ami de son oncle s'apprête à devenir le père de substitution avec quelque chose de l'ogre, du fantôme.

Mais intervient une autre rencontre : « Un jour, comme nous nous dirigions vers le collège, après une promenade, le pion, un piocheur qu'on estimait, chose rare, eut un geste brusque comme pour nous arrêter ; puis il salua, d'une façon respectueuse et humble, ainsi qu'on devait jadis saluer les princes, un gros monsieur décoré à longues moustaches tombantes qui marchait, le ventre en avant, la tête en arrière, l'œil voilé d'un pince-nez.

« Puis quand le promeneur fut loin, notre maître d'études qui l'avait longtemps suivi du regard nous dit : "C'est Louis Bouilhet." Et immédiatement il se mit à déclamer les vers de *Melœnis*, des vers charmants, sonores, amoureux, caressant l'oreille et la pensée comme font tous les beaux vers. »

Guy écrit des poèmes. Quelques semaines plus tard, il se présente au domicile de Bouilhet, rue de Bihorel, « une de ces interminables rues des banlieues provinciales qui vont de la ville à la campagne ». Avant Flaubert, Bouilhet sera son premier mentor.

Pendant quatre ans, j'ai rencontré chaque jour Louis Bouilhet, devant la bibliothèque municipale de Rouen dont il avait été le conservateur. J'étais étudiant. Personne ne lisait Bouilhet. Son buste trônait dans une niche au-dessus d'une fontaine, au coin de la rue Thiers, près du square Verdrel où est enfoui dans un bosquet le buste de Maupassant. Je saluais Bouilhet. Il se confondait avec la grisaille de la bibliothèque. Dans la salle de lecture, mes condisciples d'hypokhâgne piochaient Robbe-Grillet, Gérard Genette, Jean-Pierre Richard. En douce, je sortais mon Flaubert ou mon Maupassant pour ne pas perdre de vue la littérature. Et puis avec Sophie, Catherine, Jérôme, Annick, Florence, nous allions boire un martini à La Plaisance en écoutant *Le Blues du blanc* d'Eddy Mitchell. La nuit, nous dansions à La Bohème sur *Les Plaisirs démodés* de Charles Aznavour.

Je retrouvais ma chambre glaciale d'étudiant. Je remontais la rue de Bihorel empruntée par Maupassant lors de ses visites à Bouilhet, passais devant sa maison située au fond d'un jardin.

Né le 27 mai 1821, à Cany-Barville, mort à Rouen le 8 juillet 1869, Bouilhet est, selon Paul Morand, « un doux et grand raté, un Bovary de la poésie... avec pour principal bagage, le sonnet célèbre :

Tu n'as jamais été dans tes jours les plus rares
Qu'un banal instrument sous mon archet vainqueur
Comme un air qui résonne au bois creux des guitares
J'ai fait chanter mon rêve au vide de ton cœur. »

Pétri de culture grecque et latine au point d'en être pétrifié, Bouilhet a sombré dans l'oubli. Flaubert le tenait en haute estime et jugeait ses vers admirables. Homme de théâtre, Bouilhet hésita entre plusieurs genres littéraires, entre la vie à Paris où il ne se sentit jamais à l'aise et Rouen où, conservateur de la bibliothèque municipale, il acheva une vie de poète académique. Animal triste, hypocondriaque, il aimait la blague et le rire flaubertien. Un successeur, pas un novateur. Un artisan de son temps et non un précurseur ; trop sage, trop économe, trop classique. Pour Maupassant, « ses deux recueils de vers *Festons et Astragales* et *Dernières chansons* le classent au premier rang des vrais poètes ». *Festons et Astragales,* titre enflé, promis à l'oubli. Baudelaire, Rimbaud, Verlaine allaient ravager ces allées trop précieuses.

Depuis l'âge de treize ans, Guy versifie, encouragé par sa mère. S'il s'était entêté à être poète, sans doute serait-il oublié. Trop brutal, trop sanguin. Maupassant est un bûcheron d'histoires, un débiteur de tranches de vie. Homme de prose, il avale la route. Il observe, ne s'abîme pas. Il écrit au plus près du réel avec ce sens personnel de la narration, de l'histoire, de l'intrigue. La poésie de son adolescence se répand dans la mélancolie. Le cœur s'épanche. Tendance plate et sentimentale.

Lentement le flot arrive
Sur la rive
Qu'il berce et flatte toujours.
C'est un triste chant d'automne
Monotone
Qu'il pleure après les beaux jours.

Il apporte ses poèmes « filandreux » à Louis Bouilhet, son modèle. « Pendant six mois, je le vis chaque semaine, tantôt chez lui, tantôt chez Flaubert. Timide en public, il était, dans l'intimité, débordant d'une verve incomparable, d'une verve nourrie, de grande allure classique, pleine de souffle épique et de finesse en même temps. »

Un jour, en entrant dans la maison de la rue de Bihorel, Maupassant voit ses maîtres en tête à tête, « deux grands et gros hommes, enfoncés en des fauteuils et qui fumaient en causant ». Bouilhet et Maupassant raccompagnent Flaubert place du Boulingrain où se tient la foire Saint-Romain. Ils font un tour dans les baraques, s'arrêtent devant *La Tentation de saint Antoine*, spectacle qui donna l'idée à Flaubert d'écrire son conte.

Des années après, Maupassant revient à la foire Saint-Romain. Il y respire l'odeur de harengs grillés — celle de son enfance — de gaufres et de pommes cuites. « J'entends une cloche. Et tout à coup une émotion singulière me serre le cœur. » Il retrouve le vieil homme et son violon jouant *La Tentation de saint Antoine* : « Sur sa tête est pendue une pancarte où on lit : "À céder pour cause de santé"... Et quand je sortis de la baraque, je croyais entendre encore la voix sonore de Flaubert :

« — Pauvre... diable!

« Et Bouilhet répondit :

« — Oui, ça n'est pas gai pour tout le monde! »

Il faut voir cette traversée du jeune Maupassant aux côtés de Flaubert et de Bouilhet comme une révélation. Il est des leurs. Saint-Romain, phase essentielle de l'adoubement.

Le vitrail de *La Tentation de saint Antoine* se trouve à la cathédrale de Rouen, près du portail des libraires qui donne, justement, sur la rue Saint-Romain. Je m'y promène dans la lumière d'un matin d'été et rejoins l'église Saint-Maclou. Maupassant aimait ce quartier avec ses antiquaires, ses maisons de guingois à colombages. Près de la « fantastique » rue Eau-de-Robec, où il a situé un passage d'un conte sur la folie, *Qui sait ?*, je m'arrête devant l'ancienne Plaisance, ce bar de paquebot où nous fîmes nos humanités. Aujourd'hui c'est un troquet ordinaire. Un jour j'y avais lu *Madame Bovary* en dessinant sur un plan de la ville le parcours du fiacre d'Emma et de Léon dans les rues de Rouen. Oh surprise ! Un pénis s'était dessiné sous mes yeux. Minutie toute flaubertienne.

À chaque retour à Rouen, j'envisage de séjourner à l'Hôtel des Carmes avec ses fenêtres bleues qui donnent sur la statue de Flaubert et de convier, une nuit, le commandeur à un tête-à-tête qui me permettrait de renouer avec cette idée absolue de la littérature, intacte dans la jeunesse et dont l'âge adulte vous éloigne.

Jeune homme, je roulais sur le port en essayant d'entrevoir les lumières de Croisset. Ces parfums, déjà l'Orient ! Un coin de rue, un nom, un paysage superposés à la description littéraire devenaient une hallucination. Tout était *flaubertien* ou *maupassantien*. De la Brasserie de la Poste où j'imaginais boire un bock avec ces deux Normands, à l'Hôtel-Dieu où le père et le frère de Gustave, chirurgiens, avaient officié.

Dans les contes de Maupassant, Rouen est la ville de la femme entretenue, une Babylone où les filles aguichent les militaires, les paysans enrichis, les bourgeois : la perdition. *Le Lit 29* s'ouvre sur les grands boulevards rouennais, le cours Boïeldieu et son Café de la Comédie. Le capitaine Épivent du 102e régiment de hussards qui tient garnison à Rouen tombe follement amoureux de la belle Irma, femme entretenue. « Pendant plus d'un an, il promena, étala, déploya dans Rouen cet amour, comme un drapeau pris à l'ennemi. » Survient la guerre de 1870. Le régiment est envoyé à la frontière, le capitaine se bat héroïquement, et reçoit la croix. À son retour, il recherche Irma. Elle est à l'hôpital, fantôme d'elle-même, rongée par la syphilis. Elle raconte au capitaine que les Prussiens l'ont prise de force, empoisonnée. Elle s'est vengée. Elle a contaminé nombre d'entre eux. Devant la croix de guerre de l'officier, elle prétend avoir combattu aussi courageusement. Mais les camarades du capitaine se moquent de lui : la belle Irma a fait une « noce enragée avec l'état-major prussien ». D'où son surnom : la « femme aux Prussiens ». Partagé entre son amour et la honte, le capitaine refuse de la revoir jusqu'à la veille de sa mort. La dernière rencontre tourne à la confrontation. Le capitaine s'enfuit tandis que la voix haletante, sifflante d'Irma le poursuit : « Plus que toi, oui, j'en ai tué plus que toi, plus que toi... »

L'Auberge du Cygne

Dans leur panthéon, les Français ont oublié la guerre de 1870 : la France a déclenché les hostilités, a été battue, dépouillée d'une partie de son territoire (l'Alsace et la Lorraine), le gouvernement Thiers a massacré la Commune et les écrivains, hormis Vallès, ne se sont pas insurgés.

Toute sa vie, Maupassant restera un soldat de seconde classe, rétif aux ordres, méfiant contre la hiérarchie, les bureaucrates, les politiques. Il a vu la débâcle, les revers de l'armée française, ses carences, son manque de préparation, son matériel dépassé. Les pieds dans la neige, il a crevé de froid. Tout cela est absurde. À jamais, il détestera les Prussiens, les casques à pointe de l'Europe.

Le 29 juillet 1869, il est reçu bachelier ès lettres. Inscrit à la Faculté de droit de Paris, il s'installe dans une chambre au 2, rue Moncey où habite son père. Il n'aura pas le temps de connaître les charmes de la capitale. La guerre va faire de lui un anarchiste, un écrivain.

En juillet 1870, il est incorporé à Vincennes. Affecté à l'intendance de la 2ᵉ division, il retrouve Rouen. Une guerre sans éclat. Maupassant n'a pas l'intention d'y jouer les héros, les yeux tournés vers la ligne bleue des Vosges.

De son côté, Flaubert enrage de ne pouvoir écrire *La Tentation de saint Antoine*. À Croisset, dans une tristesse profonde, il se montre prêt à faire le coup de feu contre les Prussiens qui occuperont sa maison et lui emprunteront des volumes de sa bibliothèque. Dès juillet 1870, il écrit à George Sand : « Le bon Français veut se battre : 1° parce qu'il est jaloux de la Prusse ; 2° parce que l'état naturel de l'homme est la sauvagerie ; 3° parce que la guerre contient en soi un élément mystique, qui transporte les foules. »

Cette guerre le fait un peu plus désespérer de l'humanité. Il sent qu'un monde nouveau va naître. Lieutenant de la garde nationale, il s'entraîne, à cinquante ans, au maniement des armes, à des exercices sportifs. L'élan lyrique ne tarde pas à prendre le dessus, son nationalisme flamboie. Toujours à George Sand, sa grande correspondante du moment, il lance : « Nous sommes décidés ici à marcher tous sur Paris, si les compatriotes d'Hegel en font le siège. Tâchez de monter le bourrichon à vos Berrichons. Criez-leur : "Venez à moi, chers lubriques ! pour empêcher l'ennemi de boire et de manger dans un pays qui lui est étranger". »

Maupassant lui n'aura jamais cette fibre patriotique. Tout ce qui ressemble à une caserne lui rappelle la vie du séminaire, le terrifie. Ce Lion vit en solitaire. Il n'aura de cesse d'échapper à l'armée.

Les Prussiens atteignent Paris début mars. Peu après éclate la Commune qui périra le 28 mai. Le journal d'Edmond de Goncourt saisit parfaitement l'atmosphère : l'attente, la stupeur, les œillets rouges de la République, les discours de Renan contre la patrie qui doit expier au nom du devoir et de la raison, les canonnades, les mouvements de foule aux portes de Paris, les défilés de troupes françaises, les fortifications édifiées par les ouvriers et surveillées par les bourgeois, la viande de cheval « aqueuse et sans graisse, rayée de nerfs blancs » qui « se glisse sournoisement dans l'alimentation », les vieilles lorettes transformées en ambulancières de la Croix-Rouge et surtout le sentiment d'humiliation de voir Paris menacé, encerclé.

À cette sensation douloureuse, Maupassant va opposer l'esprit de jouissance, l'anarchie des sens. Son premier souci, une fois l'armistice signé : trouver et acheter un remplaçant. Il demande à son père d'intervenir. Naît alors son idée de rentrer au ministère de la Marine.

En septembre 1871, il est enfin libéré après avoir trouvé et payé un volontaire. Treize mois d'armée qui alimenteront près d'une vingtaine de contes et nouvelles : troupes en déroute, hiver terrible, soldats français en guenilles morts de faim, paysans cauchois résistant avec leurs fourches, cruauté des Prussiens. Cette expérience va cristalliser la vocation d'écrivain de Maupassant. La confrontation avec l'absurde, la mort lui donnera l'occasion d'écrire son premier chef-d'œuvre : *Boule de suif.*

C'est l'hiver. Le gel rend brillante la route de Rouen au Havre. Les naseaux fumants des chevaux transforment la diligence en machine à vapeur, une apparition hallucinante dans la nuit. À son bord, des gens honorables : M. et Mme Loiseau, commerçants enrichis en vendant « à très bon marché de très mauvais vins ». M. et Mme Carré-Lamandon, gros industriels. Le comte et la comtesse de Bréville, nom illustre en Normandie. Deux bonnes sœurs dont l'une a le visage mitraillé par la vérole. Et deux êtres seuls, opposés à ces couples légitimes, Cornudet, le républicain, et Boule de suif, la putain. Après la défaite, la société d'ordre est brinquebalée dans une diligence. La débâcle concerne tout le monde mais les riches ont placé leur argent à l'étranger, ménagé leurs intérêts.

À Tôtes, la diligence est arrêtée. L'officier prussien commandant la place exige que Mlle Élisabeth Rousset, dite Boule de suif, couche avec lui. Si elle refuse, la diligence ne repartira pas. Boule de suif, « petite, ronde de partout, grasse à lard, avec des doigts bouffis, étranglés aux phalanges, pareils à des chapelets de courtes saucisses; avec une peau luisante et tendue, une gorge énorme qui saillait sous sa robe, elle restait cependant appétissante et courue, tant sa fraîcheur faisait plaisir à voir ». Les passagers sont retenus dans l'auberge. L'enjeu de la transaction, le corps d'une femme. Ils n'hésitent pas à la pousser au sacrifice. En temps de guerre, l'homme se révèle, les masques et les codes sociaux tombent. La France légale, impériale fait horreur à Maupassant. Il en aime les minorités, les rebelles, les républicains, les putains. Terrible texte contre l'ordre, la lâcheté humaine.

Près de cent trente ans plus tard, dans la nuit normande, à la croisée des routes de Rouen, du Havre, de Dieppe et d'Amiens, émerge dans la brume l'auberge de Boule de suif. C'est une bâtisse Louis-XIII, en briques : l'Auberge du Cygne. Ancien relais de poste, elle est entourée d'écuries qui forment une grande cour percée de deux portails. Sur le pilier extérieur, des macarons et plaques d'émail du Touring-Club de France, de l'Automobile-Club de l'Ouest rappellent que l'auberge fut une étape de grand tourisme où séjourna l'histoire de France : le chevalier d'Artagnan quand il escorta Louis XIII en voyage à Dieppe, Mme de

Pompadour, Napoléon Bonaparte qui, en 1808, offrit aux propriétaires une marmite de cuivre. Impossible de se tenir dans la grande cour sans entendre le bruit des diligences. Le temps dans le pays de Caux sait être immuable. Rien n'a changé à l'Auberge du Cygne.

Ce soir, près de la cheminée sous les assiettes de faïence et les casseroles de cuivre accrochées aux murs, dînent une trentaine de clients, au teint rougeaud, qui commandent deux tournées d'apéritif. Je regarde un peu fasciné ces hauts Normands en me disant que l'atavisme pèse lourd. Repas solide. Nous avons le choix entre des paupiettes de sole au foie gras, un feuilleté de moules aux pleurotes, un parmentier de bœuf, un pigeonneau rôti suprême de Colvert, un tournedos grillé aux girolles, un gigot de poulettes aux champignons.

Je suis fasciné par l'escalier. Il mène aux chambres. J'ignore pourquoi, j'ai le pressentiment que j'y verrai Boule de suif « sous un peignoir de cachemire bleu, bordé de dentelles blanches » tenant « un bougeoir à la main ».

Je profite de l'absence de la gérante en cuisine pour m'éclipser, monter le bel escalier aux tomettes si usées qu'elles semblent vernies. Silence, obscurité. Au fond, il y a la chambre de l'Allemand, de ce « gueux de Prussien, va » qui parviendra à mettre Boule de suif dans son lit. Sous la porte, un rai de lumière. Je frappe. J'entre. Vide ! Les couvertures sont pliées sur le lit. Une commode, une table. Le néon bleu de l'enseigne de la façade éclaire la pièce. Une grande fenêtre donne sur la route. Définition exacte de la chambre de province, avec vue sur la nationale 27 où croisent encore des feux de voitures et de camions. Mais où vont-ils ? Paris, Le Havre, Amiens ? Leur voyage semble plein de mystère, de poésie départementale. « Et l'on ne dormit que très tard, assurément, car des filets de lumière glissèrent longtemps sous les portes. Le champagne a de ces effets-là ; il trouble dit-on le sommeil. »

Au total, six chambres. Maupassant en a habité une, Flaubert une autre. *Boule de suif*, où Croisset est évoqué dès les premières pages, s'ancre dans le territoire de *Madame Bovary* : Charles Bovary fait ses débuts de médecin à Tôtes. *Boule de suif,* charge très flaubertienne contre les bourgeois, l'esprit rouennais. « Je travaille ferme à ma nouvelle sur les Rouennais et la guerre », écrit le disciple au maître, le 2 décembre 1879. Quelques semaines plus tard, après une visite à Croisset, il ajoute : « ce que je dis des Rouennais est encore beaucoup au-dessous de la Vérité ».

La reconnaissance à Flaubert est subtile, géographique. Elle se retrouve dans la précision, le dénuement du style. *Boule de suif* n'est autre que le fruit de l'apprentissage flaubertien, des rencontres à Croisset, de l'influence intellectuelle, de leur correspondance.

Enfin comme *Madame Bovary, Boule de suif* est inspirée d'un fait divers. Si Flaubert a raconté l'histoire de Delphine Delamare, nymphomane et dépensière, qui épousa avant de se suicider un médiocre officier de Santé, ancien élève du père Flaubert, Maupassant lui a rapporté une histoire entendue de son oncle Cord'homme qui est Cornudet dans la nouvelle. Républicain convaincu, célèbre à Rouen, Charles Cord'homme épousa Louise de Maupassant, la veuve d'Alfred Le Poittevin. Il raconta à son neveu l'histoire d'Adrienne Legay née en 1848 à Életot dans le canton de Valmont, près d'Étretat. Maîtresse d'un officier de cavalerie à Rouen puis d'un négociant en rouennerie, elle fut arrêtée au cours d'un déplacement par un chef de détachement prussien qui s'opposa au départ de sa diligence si elle ne cédait pas à ses avances. Patriote, généreuse, Adrienne Legay adopta plus tard le fils d'une de ses amies morte de la phtisie, tint un café à Rouen, rue Nationale, cette rue où se retrouvent Emma Bovary et Léon, se ruina, devint cartomancienne et morphinomane, lut « dans le marc de café », tenta de se suicider au gaz avant de mourir à l'hôpital deux jours plus tard, le 20 août 1893, la même année que Maupassant.

Selon le journaliste Henri Bridoux, l'auteur de *Boule de suif* rencontra, après la publication de sa nouvelle, son modèle au théâtre Lafayette, à Rouen : « Il la regarda longuement, curieusement, avec une attention prolongée, presque émue, aurait-on dit ; puis il nous quitta, et nous le vîmes, l'instant d'après, qui pénétrait dans la loge de la dame, la saluait profondément, une révérence de mousquetaire galant, et prenait place auprès d'elle. C'est ce même jour, après le théâtre, que Maupassant et Boule de Suif soupèrent ensemble en tête à tête à l'Hôtel du Mans. Que se dirent-ils ? Quels propos s'échangèrent entre ce délicat, ce raffiné, cet écrivain artiste, et cette femme à l'esprit vraisemblablement vulgaire, qui peut-être ne conservait qu'un vague et flottant souvenir de l'aventure de jadis, incident oublié de sa vie amoureuse ? »

Maupassant a offert le plus bel hommage à Adrienne Legay : il en a fait une femme française.

Rue Royale

Le ministère de la Marine est une passerelle de bateau. Mais d'un bateau immobile de style Louis-XV, amarré sur les quais de Seine. Rue Royale, se côtoient des amiraux, les manches constellées d'étoiles, des capitaines de vaisseau et de frégate qui poursuivent des navigations imaginaires.

Après la guerre, entre 1872 et 1879, Maupassant est un gardien de phare. Fonctionnaire, il regarde la Seine, cordon ombilical qui le relie à sa vie de canotier, à Croisset, à Étretat. Huit années d'apprentissage littéraire, d'observation, de piétinement, de ressassement, de haine. Au bout du compte, un écrivain qui lâchera ses muscles.

Pour devenir un rond-de-cuir, Maupassant fait des ronds de jambe. Le 7 janvier 1872, il écrit au ministre de la Marine et des Colonies : « J'ai l'honneur de solliciter de Votre Excellence une faveur qui serait pour moi d'un grand prix, celle d'être rattaché au ministère de la Marine. » Suit une description de ses anciennes activités militaires et de ses ambitions : « La grâce que je viens demander à votre Excellence me serait d'autant plus précieuse qu'elle me permettrait de continuer à Paris mes études de droit, brusquement interrompues par la guerre, ce droit qui ne saurait m'empêcher de remplir avec zèle et exactitude la tâche qui me serait confiée. »

Réponse : aucune place disponible. Son père intervient, sollicite l'amiral Saisset et un directeur du ministère. Enfin, Guy est engagé, bénévolement. Il accepte de faire ses preuves à la bibliothèque. Le 17 octobre, affecté à la direction du personnel, au bureau de la flotte et des équipages, il gagnera cent vingt-cinq francs par mois avec une gratification annuelle de cent cinquante francs. Il s'inscrit en deuxième année à la Faculté de droit. Maupassant plie l'échine, se glisse dans la peau de l'employé. Le 15 avril 1874, il sera nommé commis de quatrième classe à la direction du matériel. Bien élevé, habillé élégamment, Guy de Maupassant a des manières mais il a dérogé. Il en veut à son père de ne plus avoir de fortune. La précarité provoquera chez lui des crises de mélancolie. Lucide, il connaît l'inanité de ses journées : « Bien qu'il ne fût pas encore dix heures, les employés arrivaient comme un flot sous la grande porte du ministère de la Marine, venus en hâte de tous les coins de Paris, car on approchait du jour de l'an, époque de zèle et d'avancement. »

Une fois franchie la porte de la rue Royale, gardée par la gendarmerie maritime, il faut prendre un bel escalier sur la gauche, avant de s'enfoncer dans un dédale de couloirs beaucoup moins prestigieux. Le bureau de Guy de Maupassant se trouve dans l'actuel service « programmes sous-marins ». Occupé par un capitaine de vaisseau, il a été « reconstitué d'époque ». Seule la cheminée de marbre est authentique. Le lustre, le bureau, les meubles de rangement aux innombrables tiroirs, comme on en trouve dans les études de notaire, imitent l'ancien mais sont neufs. Au-dessus de la cheminée, une plaque commémorative, inaugurée en 1923, par le ministre de la Marine : « Guy de Maupassant a occupé ce bureau de 1874 à 1878. » Une grande fenêtre donne sur la cour des ateliers et un bâtiment ocre au toit d'ardoises. Une porte communique avec une autre pièce. Aux murs, des dessins d'Yport et du Tréport qui ne sont pas de Maupassant et encadrées, quelques photocopies de ses bulletins de notes individuels.

Le 1er janvier 1875, il est commis à la direction du matériel dirigé par M. Sabattier. Le chef de bureau des approvisionnements généraux juge sa conduite, sa moralité, sa tenue, sa santé « bonnes » et sa manière de servir « satisfaisante ». À la ligne, « capacité » : « paraît intelligent ».

À la fin de l'année 1876, sa santé est jugée « assez délicate malgré une apparence robuste ». L'année suivante, sur demande de l'inspecteur général du service de santé, il est envoyé en cure à Loèche, spécialisée dans les affections gynécologiques et dermatologiques. Maupassant obtient un congé de deux mois. Diagnostic : syphilis. Dès le 2 mars 1877, il écrit à son ami Robert Pinchon : « J'ai la grande vérole, enfin, la vraie, pas la misérable chaude-pisse, pas l'ecclésiastique christalline, pas les bourgeoises crêtes de coq, les légumineux choux-fleurs, non, non la grande vérole, celle dont est mort François Ier. Et j'en suis fier, malheur, et je méprise par-dessus tout les bourgeois. Alléluia, j'ai la vérole, par conséquent je n'ai plus peur de l'attraper. »

Cri désespéré, sentiment d'isolement. De ce séjour en Suisse, dans les Alpes du Valais, l'animal blessé rapportera une nouvelle, sous la forme d'un journal intime : *Aux Eaux*. Elle met en scène le marquis de Roseveyre qui, redoutant un mois de cure et d'ennui, emmène avec lui une jeune actrice, Berthe. Il la paie, la fait passer pour son épouse. Elle joue le rôle de la femme honnête, éblouit la société snob des curistes, devient la reine de Loèche. Le marquis n'ose avouer la vérité : c'est une actrice, « premier prix du Conservatoire, classe de comédie, engagée à l'Odéon, libre à partir du 5 août 1880 ».

Maupassant rentre à Paris début septembre. À Flaubert, il raconte avoir cocufié en Suisse un pharmacien. Et à Vesoul, il est allé au bordel. Verdict de Flaubert : « quel drôle de pistolet ». Au ministère, son absence n'a pas été acceptée par son chef de bureau, Eugène-Émile Luneau. Son bulletin individuel de notes se dégrade. Santé : « assez mauvaise malgré une apparence robuste ». Appréciation générale : « mou, sans énergie ». Conclusion d'Eugène-Émile Luneau : « Je crains que ses goûts et ses aptitudes ne l'éloignent des travaux administratifs. » Jugement perspicace.

Parmi les employés, règne une bonne humeur, une solidarité de soutiers contre les chefs, souvent des commissaires de la Marine, surnommés les « ferblantiers » à cause de leurs galons d'argent. L'ambition ? Recevoir une gratification, améliorer ses appointements, être nommé officier d'académie, voire chevalier de la Légion d'honneur « pour bons et loyaux services ». Petit peuple de fonctionnaires, de commis, d'expéditionnaires, échangeant chaque matin au ministère leur jaquette ou leur redingote pour un vieux veston de travail. Le soir, ils regagnent leur domicile, rue Rochechouart, au cinquième étage, ou à Neuilly. Ils prennent le tramway, ont des horaires fixes, des journées parfaitement cadrées. De leur vie, ils ont écarté l'imprévu, la flamme. Au printemps, ils nourrissent des rêves de campagne. Bezons, Argenteuil, leur Eldorado ! Ils y pêchent le goujon, font la sieste après un repas planturo en rêvant d'un héritage. Et tant pis si leur femme les trompe avec des canotiers aux muscles de forgerons !

Dans l'œuvre de Maupassant consacrée à la vie des employés du ministère, triomphe une formidable ironie. Personnages d'un théâtre de Boulevard, sous-offs de l'existence, cocus de la vie et de l'histoire. Subversif, il s'attaque à la société à travers ses pions. Ce n'est pas un hasard si Lénine le lisait chaque soir avant le grand coucher. Rien n'a changé! Chaque jour, nous croisons des personnages de Maupassant. Regardez autour de vous! Au bureau, au café, dans les trains, les embouteillages.

Maupassant démissionne du ministère de la Marine le 4 janvier 1879. Grâce à une intervention de Flaubert, il est nommé « employé au ministère de l'Instruction publique, attaché au cabinet, chargé de la correspondance du ministère et de l'administration des cultes, de l'enseignement supérieur et de la comptabilité ». Conditions de travail meilleures, salaire plus confortable. Mais son sang de Normand boue. Otage privé d'exercice, enchaîné à son bureau, son énergie vitale est comprimée. Il doit exploser. La Seine sera sa respiration.

Trouville des bords de Seine

Renoir, *Le Déjeuner des canotiers* : été à Chatou, fin de repas sur le balcon de la maison Fournaise. Sous le vélum de toile, Gustave Caillebotte, le peintre, grand avironneur, chapeau de canotier sur la tête, débardeur blanc, assis à califourchon sur une chaise, cigarette entre le pouce et l'index de la main droite. En face, une jeune femme ronde avec un petit chien griffon dans les bras, Aline Charigot, la maîtresse de Renoir, bientôt sa femme. À ses côtés, debout, Alphonse, le fils de l'aubergiste. Accoudée à la rambarde de bois, Alphonsine Fournaise, sa sœur, égérie des peintres. Renoir a peint au moins huit portraits d'elle. Dans *Le Déjeuner des canotiers*, elle parle avec le baron Paul-Raoul Barbier, un habitué de la maison Fournaise. Maupassant en fut un autre fidèle. L'auberge incarne la mémoire vivante de l'impressionnisme, du canotage.

Construction de briques, haute de deux étages, au toit d'ardoises, ceinte d'un balcon en fer forgé, située sur l'île de Chatou, en bord de Seine, elle donne sur le bras de Marly à quelques encablures de feu l'île de la Grenouillère. En 1837, la première ligne de chemin de fer est construite à Chatou.

Originaire d'une famille de mariniers aux ascendances peut-être normandes, Alphonse Fournaise achète à l'un de ses cousins une maison sur l'île et, à la fin des années 1850, en pleine mode du canotage, se lance dans cette nouvelle activité. Il fabrique de longues yoles, des canots à rames, des bachots.

Chatou attire des artistes, des hommes du monde, des sportifs, des demi-mondaines. L'auberge offre une autre attraction : la fille de la maison, Alphonsine. Selon Gustave Champenois, un peintre de Chatou, elle avait une voix aimable, un air très ingénu : « Son succès venait du milieu dans lequel elle vivait. Le plus grand plaisir de ses admirateurs était de la voir apparaître sur le ponton dans son costume de bain et de là, plonger comme un maître nageur pour aller chercher, au fond de l'eau, les louis d'or qu'on jetait... Enfin, elle eut une grande vogue à cause de son air pudique, de ses qualités de nageuse et de plongeuse que les godelureaux vantaient à leurs maîtresses d'un jour. »

Dans la vie de Maupassant, le ministère et la Seine forment dans leur opposition la diastole et la systole d'un même ventricule. Un commis aux écritures peut aussi mener parallèlement une existence plus secrète. Au début de sa carrière, Maupassant va d'abord fréquenter Argenteuil et son restaurant du Petit matelot, qui offre « des chambres meublées avec vue sur la rivière » et peut servir jusqu'à deux cents couverts. Guy vient y coucher deux fois par semaine, fait du canot à l'aube avant de gagner, par le train, son bureau du ministère. Avec ses amis, Léon Fontaine, un camarade d'Étretat, Robert Pinchon, Henri Brainne rencontrés à Rouen, et Albert de Joinville, ils ont fondé la colonie d'Aspergopolis — Argenteuil est célèbre pour ses asperges. Cette association de bons vivants, jouisseurs obscènes prendra aussi le nom de société des Maquereaux ou société des Crépitiens — Crépit étant le dieu romain des pétomanes : « Puis quelle vie gaie avec les camarades ; nous étions cinq, aujourd'hui des hommes graves ; et comme nous étions tous pauvres, nous avions fondé, dans une affreuse gargote d'Argenteuil, une colonie inexprimable qui ne possédait qu'une chambre-dortoir où j'ai passé les plus folles soirées, certes, de mon existence. Nous n'avions souci de rien que de nous amuser et de ramer, car l'aviron pour nous, sauf pour un, était un culte. »

Après Argenteuil, Maupassant découvre Bezons et l'auberge Poulain où il loue une chambre puis Chatou. Dans *La Femme de Paul*, la maison Fournaise est évoquée sous le nom de « restaurant Grillon, ce phalanstère de canotiers ». Ambiance joyeuse, tapageuse, « gaillards en maillot blanc » qui glissent leurs avirons entre les « dames » fixées sur leur yole. Femmes aux toilettes claires de printemps, qui redoutent de prendre l'eau après un repas arrosé. L'ivresse est la nature du paysage. Interdiction de boire de l'eau à la maison Fournaise qui sert un clairet âpre, rafraîchissant appelé le « rejonglet » et, le dimanche, un vin de Beaune à deux francs. Autre tradition de la maison, le bischof ou *bishop*, l'apéritif local : dans un grand saladier, des morceaux de sucre fondus mélangés à deux ou trois bouteilles de vin blanc. Au menu, soupe aux choux, friture de Seine, gigot ou poulet rôti. « Chez Fournaise, on festoyait à cent sous par tête. »

La Seine, grand boulevard, inconscient de Paris, miroir de ses rêves, de ses fantasmes. Les hommes, les femmes, l'amour s'y libèrent. Elle aiguise l'érotisme. Rarement un sport, le canotage aura été aussi lié aux jeux de l'amour. Contraction des muscles, régularité du mouvement d'avant en arrière, hommes et femmes, yeux dans les yeux, au milieu de l'élément liquide. La foire aux plaisirs.

Le vrai Maupassant n'est pas dans la panoplie du canotier, dans « le maillot blanc rayé de bleu et la casquette anglaise » mais dans le labyrinthe de la Seine : il y exprimera sa nature primaire, ses plus forts instincts. La maison Fournaise, maison Tellier de la Seine ? Joute marine ou joute sexuelle, les filles se laissent séduire contre une promenade en yole ou un déjeuner.

Maupassant retrouve un peu de sa vie sauvage d'Étretat. Voluptueux et clandestin, il se plonge dans cette existence canaille, oublie ses manières, son éducation, abuse de l'éther. La Seine calme ses sangs : « En ai-je vu, de drôles de choses et de drôles de filles aux jours passés où je canotais. Que de fois, j'ai eu envie d'écrire un petit livre, titré "sur la Seine", pour raconter cette vie de force et d'insouciance, de gaieté et de pauvreté, de fête robuste et tapageuse que j'ai menée de vingt à trente ans. »

Qu'elle semble aujourd'hui apaisée la Seine, sous une lumière dorée, avec au loin le vieux pont de Chatou. Il y a une vingtaine d'années, la maison Fournaise tombait en ruine. Un homme convainquit la municipalité de Chatou de la sauver de la destruction. Elle fut restaurée et abrite un restaurant. Le sauveur de la maison Fournaise me rejoint à une table. C'est Henri Claudel, le fils de Paul Claudel.

Le ministre plénipotentiaire Henri Claudel, ancien consul général à New York, autrefois en poste à Tanger, Barcelone et Naples entendit l'appel du 18 juin 1940. Il participa à la création du bureau de la France libre à New York. Les yeux bleus, la cravate bleue, la rosette rouge de la Légion d'honneur, cet homme doux, né en 1912, d'une jeunesse d'esprit éclatante s'est battu pour restaurer la maison Fournaise.

— Les officiels de la Culture ne nous ont pas aidés. Ce sont les Américaines de l'association Friends of French Art qui ont été nos premiers mécènes. Les Français ne se sont intéressés à l'impressionnisme qu'après les Américains.

La façade est décorée de fresques. Sous le balcon, sur la gauche, un défilé de militaires sorti de la guerre de 1870 avec ce slogan qui barre les figurines : « Prenez garde à la finure. » Et au-dessus de la porte d'entrée, une rixe entre messieurs en habit noir — queue-de-pie et haut-de-forme — un jour de noces.

— Cette scène a peut-être été peinte par Maupassant, affirme Henri Claudel.

L'écrivain dessinait parfaitement. On retrouve son trait noir et les personnages de caricature qu'il croquait dans ses lettres à son cousin Louis Le Poittevin. En dessous, quatre panneaux signés Maurice Réalier-Dumas, peintre et amant d'Alphonsine Fournaise, représentant les âges de la vie à travers quatre personnages : l'enfance, l'adolescence, l'âge mûr et la vieillesse.

À l'intérieur, dans le vestibule, sur le mur ocre de gauche, Maupassant écrivit, le 2 juillet 1885, au charbon de bois — selon d'autres témoignages avec une allumette trempée dans du goudron — un poème sous une tête de griffon dessinée par le comte Lepic :

Sauve-toi de lui s'il aboie ;
Ami prends garde au chien qui mord
Ami prends garde à l'eau qui noie
Sois prudent, reste sur le bord.

Prends garde au vin d'où sort l'ivresse
On souffre trop le lendemain,
Prends surtout garde à la caresse
Des filles qu'on trouve en chemin

Pourtant ici tout ce que j'aime
Et que je fais avec ardeur.
Le croirais-tu ? C'est cela même
Dont je veux garder ta candeur.

Dans l'ivresse du canotage, de l'éther, il conservait sa lucidité. Était-il un bon avironneur ? Efficace ! Capable de ramer des heures dans un style peu orthodoxe de laboureur des mers. Un habitant de Chatou, rapporte dans sa correspondance que Maupassant laissait son canot au garage Fournaise. « Un jour qu'il venait le rendre, il interrogea Titi, qui réparait les bateaux, sur l'opportunité d'apporter au sien une modification. Maupassant parlait en connaisseur, ce qui déplut à Titi Fournaise qui lui répondit cavalièrement : "Mais, Monsieur Guy, que votre as soit comme il est ou autrement, ça ne changera rien pour vous ; car permettez-moi de vous le dire en toute franchise, pour ce qui est d'écrire, vous écrivez bien à ce qu'on dit, mais pour ce qui est de tirer l'aviron... Oh ! Monsieur Guy, vous ramez comme un cochon." »

Ses bateaux s'appelaient la *Feuille de rose*, l'*Étretat*, *Frère Jan*, *Monsieur*, *Madame* et le *Bon Cosaque*. Le nom d'une yole, d'une barque ou d'un bachot était le tatouage de son propriétaire. Quand il séjourne à la maison Fournaise à partir de 1878 — il louera plus tard une chambre six semaines en 1886 — Maupassant canote le jour, travaille la nuit. Henri

Claudel me montre sa chambre, au deuxième étage, au-dessus du fameux balcon entrelacé du A d'Alphonsine Fournaise et où Renoir a peint *Le Déjeuner des canotiers* :

— Vous vous rendez compte ! Sur ces planches, Renoir a posé son chevalet, là au coin !

J'imagine Maupassant, les mains sur la rambarde rouge, marin accoudé à la lisse de la passerelle, regardant les arbres, la courbe de la Seine.

— Plus loin à droite, il y avait l'île de la Grenouillère. On l'appelait le camembert, elle était minuscule et plantée d'un arbre. En fait, le bal de la Grenouillère c'était une péniche amarrée à côté de l'île. L'île a été détruite en 1924 pour les besoins de la navigation.

À la Grenouillère — ses danseurs, buveurs, nageurs, avironneurs — Maupassant préfère les heures plus douces de la Seine, « un de ces soirs tranquilles qui donnent la sensation du bonheur ». Décidément, il y a trop de monde à Chatou, « le Trouville des bords de Seine » comme l'a baptisé un journaliste de l'époque. En 1889, Maupassant s'exile à Poissy, à l'Hôtel de l'esturgeon, une grande maison aux fenêtres vertes qui existe toujours, en bord de Seine, devant les saules pleureurs : « À Chatou, ce n'était vraiment plus tenable, à cause du voisinage. Il y avait vraiment trop de demi-mondaines. Je le regrette pour Alphonse et Mme Papillon qui ont toujours été très gentils pour moi et qui prenaient grand soin de mes bateaux. »

En 1889, brûle la Grenouillère. Un an après, le père Fournaise, « le grand amiral » se retire des affaires. Alphonsine reprend le restaurant et Alphonse fils, le commerce des bateaux. La mode n'est plus au canotage mais à la bicyclette. Alphonsine déclare à un journaliste du *Matin* : « Non,

Monsieur, nous aurons beau faire, nous ne reverrons plus cette époque des joyeux canotiers de la Seine qui savaient s'amuser simplement. Aujourd'hui, voyez-vous on ne sait plus faire la fête. On est trop fatigué. Et comment voulez-vous qu'il en soit autrement ? Avec la bicyclette, hommes, femmes, ne représentent plus que les gens époumonés, esquintés de parcourir des kilomètres. »

En 1906, le restaurant fermera définitivement. En 1937, Alphonsine meurt. Quand la municipalité de Chatou rénova la maison Fournaise, six couches de papier peint recouvraient les panneaux de la salle à manger du premier étage : cinq caricatures d'inspiration anarchiste — personnage officiel en jaquette, homme en uniforme. À côté, une fresque représente le soulèvement du Soudan par un mahdi dans les années 1882-1884. Elle est signée A.B. Les experts n'ont jamais pu identifier la signature de ce peintre doué.

Avant de quitter Henri Claudel, je lui demande le jugement de son père sur Maupassant :

— Ce n'était pas son goût, me dit-il avec le sourire. Flaubert, oui. Mais sa grande passion c'était Balzac.

Et pourtant la débauche et la foi peuvent partager le même sens de la clandestinité.

Passation de pouvoir

C'est une mort qui suit une naissance. Une passation de pouvoir, un exemple unique dans l'histoire de la littérature. Flaubert, Maupassant, main dans la main.
1880 : l'année cruciale. En février, Maupassant est cité à comparaître devant un juge d'Étampes. Il a publié un poème, *Au bord de l'eau*, offensant les bonnes mœurs. Familier des procès littéraires, Flaubert prend sa défense. Un non-lieu est prononcé. Le 17 avril, Maupassant publie *Boule de suif* dans *Les Soirées de Médan* (éditeur Charpentier). Huit jours plus tard, paraît son premier recueil de poèmes, *Des vers*. Tout s'enchaîne. Le 8 mai, Flaubert meurt. Le fils devenu écrivain, le père se retire du jeu.

L'adoubement officiel remonte au 1er février. Cette nuit-là, de Croisset, Flaubert écrit à Maupassant. Il vient de lire les épreuves de la nouvelle : « Mais il me tarde de vous dire que je considère *Boule de suif* comme un chef-d'œuvre ! Oui ! Jeune homme ! Ni plus, ni moins cela est d'un maître. C'est bien original de conception, entièrement bien compris et d'un excellent style. Le paysage et les personnages se voient et la psychologie est forte. Bref, je suis ravi ; deux ou trois fois j'ai ri tout haut. » Il conclut : « Je vous embrasse plus fort que jamais... rebravo! nom de Dieu. »

Maupassant sera alors considéré par Flaubert comme son fils d'adoption. Quelques semaines plus tard, dans la nuit du 20 au 21 avril, il lui adresse une nouvelle lettre : « J'ai relu *Boule de suif* et je maintiens que c'est un chef-d'œuvre. Tâche d'en faire une douzaine comme ça! et tu seras un homme! » De la part de Flaubert, aux redoutables jugements littéraires, c'est un passeport pour l'éternité. Maupassant le gardera contre son cœur.

Parallèlement à sa vie obscure de fonctionnaire, lumineuse de canotier, Guy de Maupassant a appris son métier à l'ombre du « patron ». Il se plaint de son travail au ministère, mais ce garde-fou l'oblige à vivre dans le secret, à nourrir son œuvre. Flaubert appelle son jeune disciple « mon cher ami, mon cher Guy, Mon petit père, Jeune lubrique, Mon Bon, Jeune impur, Mon chéri, Mon cher vieux solide, Mon cher Bonhomme, Mon jeune homme ». Après le conventionnel « Cher Monsieur et ami », Maupassant commencera par « Mon cher maître », passera à « Mon bien cher maître ». À la fin des missives, Flaubert et Maupassant s'embrassent « bien fort, tendrement ». Flaubert ponctue ses lettres d'un « ton vieux ».

Au début, le maître joue l'écrivain absolu. Après *Boule de suif*, Maupassant prend la suite. La relation ne s'épanouit pas sur un pied d'égalité. Aux yeux de Flaubert, Guy est le neveu d'Alfred, puis un jeune admirateur, un ami, un disciple, un fils adoptif; ultime consécration, un fils en littérature.

La fusion se fait lentement. À Paris, Guy est l'agent de Gustave : interventions auprès du théâtre du Vaudeville en faveur d'une pièce de Bouilhet, détails sur le métier de copiste au ministère de la Marine et la géographie d'Étretat. Flaubert écrit son *Bouvard et Pécuchet*. Il réclame des renseignements précis, n'aime pas attendre. Le 31 octobre 1877, il s'impatiente : « Comme je suppose que vous n'êtes pas mort, car entre parenthèses vous êtes un joli cochon de ne pas me donner de vos nouvelles, je vous prie de me rendre le service suivant... J'ai besoin d'une falaise qui fasse peur à mes deux bonshommes... je l'ai cherchée... tout l'après-midi aux environs du Havre. Mais ce n'est pas ça. Il me faut du calcaire à pic comme les falaises de Fécamp et d'Étretat... vous devez connaître ces parages à fond ? donc donnez-moi une description de toute la côte depuis Barneval jusqu'à Étretat... »

Rapide, disponible, Maupassant va chez Flaubert, dans son appartement de la rue Murillo, à Paris, rencontre ses amis : « Il recevait le dimanche, depuis une heure, jusqu'à sept, dans un appartement de garçon, très simple, au cinquième étage. Les murs étaient nus et le mobilier modeste, car il avait en horreur le bibelot d'art. Dès qu'un coup de timbre annonçait le premier visiteur, il jetait sur sa table de travail, couverte de feuilles de papier éparpillées et noires d'écriture, un léger tapis de soie rouge qui enveloppait et cachait tous les outils de son travail, sacrés pour lui comme les objets du culte pour un prêtre. Puis, son domestique sortant presque toujours le dimanche, il allait ouvrir lui-même. »

Voici Tourgueniev et sa belle figure blanche apportant des livres étrangers ; Zola, essoufflé, suivi de son fidèle Paul Alexis ; Daudet, et son ironie méridionale, Catulle Mendès « avec sa figure de Christ sensuel et séduisant » ; Edmond de Goncourt, son paquet de tabac à la main. Et puis José Maria de Heredia, Frédéric Baudry, l'administrateur de la bibliothèque Mazarine, Huysmans, Hennique, Céard, les hommes des *Soirées de Médan*. Alors, Flaubert se révèle, Normand volant dans sa grande robe de chambre. Lui la pythie de la littérature prononce des oracles attendus, définitifs. Chaleureux, il s'occupe de ses amis, les embrasse, les réchauffe avant d'aller dîner, seul, le soir, chez la princesse Mathilde.

Flaubert offre ses amis à son disciple. Un don. Toute la géographie littéraire de Maupassant est née entre Croisset et la rue Murillo. Petit employé la semaine, il fréquente le week-end les plus grands écrivains du XIXe siècle. Canotage et littérature font partie de la même combustion. Il apprend à naviguer près des côtes avant de choisir le grand large. Tous les dimanches de l'hiver 1875, Maupassant est invité à déjeuner chez Flaubert car le samedi est « le jour sacro-saint du canotage ». Mais par amour de la Seine, il manquera parfois le rendez-vous.

Homme de rites affectifs, Flaubert sera le sémaphore de ces huit ans passés au ministère. Maupassant traverse des tempêtes. Abattu, il souffre des yeux, du cœur, de l'estomac, perd ses cheveux. Vidé, déprimé, il écrit à Flaubert le 5 juillet 1878 : « Je vis tout à fait seul parce que les autres m'ennuient ; et je m'ennuie moi-même parce que je ne puis travailler. Je trouve mes pensées médiocres et monotones, et je suis si courbaturé d'esprit que je ne puis même les exprimer. »

Tout l'agresse : son ministère, ses collègues, ses supérieurs. Il juge le cul des femmes « monotone comme l'esprit des hommes ». À l'absurde de la vie, Flaubert oppose l'art, le travail. Il faut désespérer jusqu'au bout, ne jamais sombrer dans la mélancolie. Cette coquille vide ne mène à rien. Le nihilisme du Maître a pris greffe sur l'élève. Sa nature le prédisposait au pessimisme.

Flaubert cerne les deux écueils chez son fils adoptif : le canotage et les femmes. Il sera un écrivain s'il se débarrasse de ses plaisirs faciles. Une lettre célèbre de Flaubert pourrait servir de bréviaire : « Vous vous plaignez du cul des femmes qui est "monotone". Il y a un remède bien simple, c'est de ne pas vous en servir... Enfin, mon cher ami, vous m'avez l'air bien embêté et votre ennui m'afflige, car vous pourriez employer plus agréablement votre temps. Il faut, entendez-vous, jeune homme, il faut travailler plus que ça. J'arrive à vous soupçonner d'être légèrement calleux. Trop de putains ! trop de canotages ! trop d'exercices ! oui, monsieur ! »

À l'employé du ministère, Flaubert conseille de travailler pendant son temps libre, entre cinq heures du soir et dix heures du matin. L'orgueil, les principes contre la tristesse. Cet oubli de soi au nom de l'art sera la ligne de conduite de Maupassant. À partir de la lente dégradation de son corps, il s'enfoncera dans le travail. L'adieu à la vie s'accompagnera d'une fuite dans l'œuvre. Selon l'astrologue Solange de Mailly-Nesle, « il pouvait combattre jusqu'à l'épuisement psychique cette impression de précarité qui l'assaille. La maladie aiguillonna en partie la finalité de ses actes. » Flaubert reste, cependant, fasciné par ses exploits sportifs, sexuels. Maupassant l'aurait même emmené dans un bordel et lui aurait montré qu'il pouvait satisfaire une femme six fois de suite.

La blague, la pornographie pimentent la conversation des deux amis. Tradition inaugurée par le « garçon » flaubertien. Le 19 avril 1875, Maupassant fera représenter sa pièce, *À la feuille de rose, maison turque* dans l'atelier du peintre Maurice Leloir, un habitué de la maison Fournaise, rue de Fleurus à Paris. Une pochade, l'histoire d'un couple de notables provinciaux en voyage de noces à Paris. Ils descendent dans un bordel en croyant séjourner à l'hôtel. Le maître des lieux leur affirme avoir la garde du harem de l'ambassadeur de Turquie.

Toutes les situations, les dialogues sont prétextes à des coïts, à des blagues pornographiques ou scatologiques. Lourde obscénité, drôle dans la satire. L'auditoire est de choix : Gustave de Maupassant (aux côtés de son fils quand il s'agit de sexe), Edmond de Goncourt, Tourgueniev, Valtesse de la Bigne, Suzanne Lagier, une chanteuse de l'Alcazar, Zola et bien sûr, Flaubert qui rit de bon cœur.

Maupassant refuse d'être enrôlé dans un groupe, une école. En 1876, Catulle Mendès l'incite à devenir franc-maçon. Refus ! L'image de l'écrivain, c'est Flaubert à Croisset. De la propriété en bord de Seine, il ne reste que le pavillon appelé autrefois « le petit salon ». Les soirs, de pleine lune, Flaubert aimait prendre l'air sur le balcon, y regarder les bateaux passer.

De cette contemplation est née « la mélancolie des paquebots » chère à Frédéric Moreau dans *L'Éducation sentimentale*. La maison a été détruite par le successeur de Flaubert. À son emplacement, il a fait construire une usine dont les friches sont encore debout. Maupassant décrit les lieux dans *La Revue bleue* : « C'était une jolie maison blanche, de style ancien, plantée tout au bord de la Seine, au milieu d'un jardin magnifique qui s'étendait par-derrière et escaladait, par des chemins rapides, la grande côte de Canteleu. Des fenêtres de son vaste cabinet de travail, on voyait passer tout près, comme s'ils allaient toucher les murs avec leurs vergues, les grands navires qui montaient vers Rouen, ou descendaient vers la mer. Il aimait à regarder ce mouvement muet des bâtiments glissant sur le large fleuve et partant pour tous les pays dont on rêve. »

Sur scène, un seul comédien, attablé à son bureau, avec son large pantalon noué d'une cordelière de soie et sa robe de chambre qui tombe jusqu'à terre. Écrire seul, envers et contre tous. Maupassant n'appartiendra jamais à l'école naturaliste dont Zola est le pape. Par opportunisme il intervient dans les soirées de Médan. Flaubert reste son seul maître.

Le 16 avril 1877, Huysmans, Céard, Hennique, Alexis Mirbeau offrent un dîner chez Trapp, au coin de la rue Saint-Lazare et du passage Tivoli à Goncourt, Zola, Flaubert sacrés « officiellement les trois maîtres de l'heure présente ». Au menu :

POTAGE PURÉE BOVARY
TRUITE SAUMONÉE À LA FILLE ELISA
POULARDE TRUFFÉE À LA SAINT-ANTOINE
ARTICHAUDS AU CŒUR SIMPLE
PARFAIT « NATURALISTE »
VIN DE COUPEAU
LIQUEURS DE L'ASSOMMOIR

Dîner gai, chaleureux annonçant *Les Soirées de Médan*. Maupassant nourrissait un imaginaire délirant, fantastique. Il refusera d'être considéré comme un écrivain naturaliste. « Je ne crois pas plus au naturalisme et au réalisme qu'au romantisme », écrira-t-il en 1877 à Paul Alexis. Et d'ajouter : « Soyons des originaux, quel que soit le caractère de notre talent (ne pas confondre originaux avec bizarres), soyons l'Origine de quelque chose. Quoi ? Peu m'importe pourvu que ce soit beau et que ça ne se rattache point à une tradition finie. »

Dans sa dernière lettre adressée à Maupassant, Flaubert cite cette maxime d'Horace : « *Oderunt poetas.* » « Ils haïssent les poètes. » L'élève ne l'oubliera jamais. Le jour de l'attaque cérébrale de Flaubert, il canote à Bezons. Le soir même, il est à Croisset. Un fils se précipite vers le lit mortuaire de son père. Il fait sa toilette, le parfum d'eau de Cologne. Pour la première fois, Maupassant voit la carcasse nue du Viking, froide à jamais. Il l'habille d'un pantalon à la hussarde, d'un gilet, d'un veston, noue sa cravate. Il lui brosse sa moustache, ses cheveux. Se recueille longuement devant « son grand front, haut, large et plein ». Dans ses *Nouveaux souvenirs*, François Tassart, le valet de chambre de Maupassant, rapporte les propos de son maître : « Après combien de temps, je ne le sais... j'ai posé mes lèvres brûlantes sur la surface de ce front avec une sorte de désir de saisir la puissance mystérieuse qu'il cachait !!! Mais hélas !!! ce fut mon baiser d'adieu. »

Comme le bouddha trônant face au bureau de Flaubert, Maupassant emporte avec lui, dans cette nuit chaude, le visage de son maître. Pas une journée ne passera sans qu'il ne pense à son exigence, à son absolu. Il multipliera les textes d'hommage. Il a perdu le père, son seul Dieu, qui lui a révélé la nudité de l'art. Dans le printemps de ses trente ans, c'est un écrivain orphelin.

DEUXIÈME PARTIE

Au galop !

À trente ans, il faut aller vite. Tout bascule. Vous êtes désormais un homme plus vulnérable. La maladie, la mort commencent à rôder autour de vos terres. À trente ans, Maupassant ressemble à un sous-officier s'engageant dans la coloniale. Moustache flamboyante, carrure large, teint cuivré, biceps virils, cheveux épais, regard noir, tendre. Une force comprimée dans un corps de taille moyenne. Il a posé une première pierre immédiatement reconnaissable : *Boule de suif*, aboutissement du travail à l'ombre de Flaubert, manifeste de l'émancipation, de la singularité. Le père mort, il n'aura pas besoin de le tuer. Chaque jour, il se récitera les leçons du maître. Flaubert restait dans son cabinet de travail. Maupassant prendra le grand air. Ses narines ont besoin de se dilater, sa peau de respirer, ses sens de s'apaiser. Un grand paquebot vient d'être lancé : la proue fonçant vers le soleil, la coque déjà attaquée par la rouille. Le voyage, le sexe, le travail, trois combustibles dans une seule chaudière. Il va publier contes, chroniques, romans, récits. Un rythme d'enfer.

Il habite Paris depuis dix ans. Cela suffit ! Comme tout Normand, il porte en lui la mémoire de la mer, des grandes aventures. Chez les septentrionaux, les hommes de l'Ouest, le soleil exerce une attraction. Tentation du farniente, éden de l'oisiveté, Orient imaginaire. Flaubert lui-même avait quitté Croisset pour ce grand voyage initiatique où il s'était brûlé la gueule et le sexe dans les bordels d'Égypte. Au-delà de la Méditerranée, la mélancolie se transforme en énergie.

Début de la Belle Époque. Le monde est un empire. Né la même année que Maupassant, Pierre Loti connaît lui aussi, à trente ans, le succès avec son livre *Le Mariage de Loti*. Bientôt promu lieutenant de vaisseau, il aurait pu croiser Maupassant en Algérie. Que sont les voyages pour Loti si ce n'est l'assassinat de l'ennui, un masque exotique ? Certains écrivains préfèrent le monde aux mondanités. Maupassant sera toujours ailleurs.

Avant la découverte de l'Afrique du Nord, il séjourne en Corse. Il y trouvera sa vraie température. À l'automne 1880, il rejoint sa mère à qui les médecins ont conseillé des latitudes ensoleillées. Premier vrai voyage, dans les jupons. Tout un symbole! Il s'embarque à Marseille qu'il aime immédiatement. Comment ne serait-il pas séduit ? La porte de l'Orient. Quai de la Joliette, des paquebots alignés comme des fauves au repos. « Le port de Marseille bruit, remue, palpite sous une pluie de soleil et le bassin de la Joliette, où des centaines de paquebots projettent sur le ciel leur fumée noire et leur vapeur blanche, est plein de cris et de mouvements pour les départs prochains. »

Marseille, ville animale, aristocratie du mouvement, et sous son ventre la vermine du monde, tous ces portefaix et ces marins à la nationalité bariolée. Les écrivains français aiment cette Stamboul méditerranéenne. Ils y réchauffent leurs instincts. Paris est loin. Tombons la veste! Au diable, la cravate! Train, hôtel et paquebot de la Compagnie générale transatlantique. Rumeur du port. Au bar de la Marine, se retrouvent Rimbaud, Maupassant, Cendrars, Brauquier. Les amarres sont larguées. Adios, vieux continent! Rêvons aux îles lointaines. Maupassant redevient navigateur. Il n'a jamais cessé de l'être. La nuit à bord du bateau, il écoute le bruit si troublant de l'étrave qui fend la mer. Îles Sanguinaires, golfe d'Ajaccio. Il découvre les maisons blanches de style italien au toit plat, les marins au chapeau de paille qui godillent à bord de leurs longues barquasses. Il est des leurs. Les rues sont plantées d'arbres, « il y a dans l'air comme un sourire de bienvenue où des parfums inconnus flottent, des arômes puissants, cette odeur sauvage de la Corse, qui faisait s'attendrir encore le grand Napoléon mourant là-bas sur son rocher de Sainte-Hélène ».

À Ajaccio, il est accueilli comme une personnalité. Les journaux de l'île annoncent son arrivée : « un triomphe », affirme-t-il. Au *Gaulois*, ce journal de centre gauche dirigé par Arthur Meyer, où il a publié en mai 1880 *Les Dimanches d'un bourgeois de Paris*, il envoie une chronique intitulée « La Patrie de Colomba ». Il y brocarde le préfet, les autorités locales et une séance du conseil général où s'affrontent monarchistes et républicains. Il y décrit les clients du café Solférino, les charmes de la ville plantée d'oliviers, d'eucalyptus, de figuiers, d'orangers, espère que des travaux d'aménagements feront d'Ajaccio « la plus charmante station d'hiver de toute la Méditerranée ».

Au monastère de Corbara, dans les montagnes, il rend visite au père Didon, rencontré pour la première fois chez Flaubert, se plaît à narrer les intrigues des bandits corses. Dans les chroniques de l'envoyé spécial du *Gaulois*, le souvenir de Napoléon est évoqué avec tendresse. Le reste du temps, il chasse, canote à la voile, pêche sous un ciel bleu. « Je me baigne deux fois par jour, écrit-il à sa cousine Lucie Le Poittevin, la femme de Louis, dans la mer tellement tiède qu'on éprouve en entrant aucune sensation de fraîcheur. Le thermomètre marque 32 à l'ombre toute la journée. Voilà un climat. »

Il goûte à l'arrière-saison méditerranéenne. La face noire de son cerveau ne le laisse pas tranquille. Il est parfois obligé de garder le lit, tétanisé par des crises de migraines qui lui donnent un visage congestionné. Les linges mouillés autour de la tête sont un remède dérisoire. Il aura toujours l'impression que les routes calment ses migraines : la syphilis, serpent qui franchit les mers, les continents.

Maupassant ne peut plus se contenter de Paris ni de la Normandie. Depuis le 1er juin 1880, en congé du ministère de l'Instruction publique, il gagne sa vie en donnant des chroniques principalement au *Gaulois* : études littéraires, choses vues, miroirs le long d'une vie.

Il connaît déjà les plaisirs du journalisme. Cette fois, il s'initie au grand reportage. Écrire un article sur la banlieue de Paris ou les antipodes recouvre les mêmes exigences. Mais le départ au-delà de la Méditerranée ou vers les Tropiques recèle une autre magie. Le voyage est pour l'écrivain un brandon : il attise sa vitalité. Les grands reportages conjuguent découvertes, solitude, rencontres, oisiveté. Mouvement, tension.

Quand il est à son bureau, l'écrivain a des manies, une régularité de fonctionnaire. Une fois le stylo posé, il doit fouetter son sang. Après l'écriture, Maupassant se dépense dans le sexe ou dans le monde. Il redoute la répétition, la routine, l'ennui, le confinement. Enfermez-le, il meurt! Au contact de Flaubert, il a appris à déceler la médiocrité de ses contemporains, de ces petites vies satisfaites d'elles-mêmes, où chaque jour, on répète les mêmes gestes pour travailler, se nourrir, dormir. « Prison, prison ! Tout logis qu'on habite longtemps devient prison. » Le voyage est une façon de tromper la mort, de se tromper soi-même. Les nouveaux horizons éblouissent. Voici l'une des plus belles illusions de la vie. Voyage, antidote à ses accès maniaco-dépressifs, à sa tristesse d'animal blessé qui le prend à la gorge. Une gare, un port, il ressent une excitation sexuelle : « Qui peut voir cela sans frémir d'envie, sans sentir s'éveiller dans son âme le frissonnant désir des longs voyages ? »

En juillet 1881, il part pour l'Algérie colonisée maladroitement depuis cinquante ans. Des soulèvements agitent l'immense pays. Les décrets Crémieux assimilent l'administration algérienne à l'administration française, confient les pleins pouvoirs à un gouverneur civil. Les bureaux arabes sont supprimés, les colons s'arrogent encore plus de liberté. Le second décret qui accorde aux Israélites la citoyenneté française suscite la colère des Musulmans : ils se sentent méprisés. Les insurrections matées, la France récupère d'autres terres où elle enverra des Alsaciens-Lorrains qui ont refusé la nationalité allemande après la défaite française de 1870. En Kabylie, cent mille hectares leur seront attribués. De Ferry à Gambetta, l'expansion coloniale incarne l'une des valeurs de la gauche. La droite est alors indifférente à l'outre-mer. Les journaux font découvrir à leurs lecteurs « ces contrées indigènes », les informent des soulèvements. Le 12 mai 1881, la France instaure en Tunisie un protectorat.

Deux mois plus tard, Maupassant s'embarque de nouveau à Marseille. Cette fois à bord de l'*Abd-el-Kader*. Un paquebot en fer, flambant neuf, lancé un an auparavant par les chantiers de Glasgow, long de quatre-vingt-dix-neuf mètres, large de dix, qui jauge mille huit cent quatre-vingt-dix-neuf tonneaux. Une hélice, deux mâts, la cheminée noir et rouge de la Compagnie transatlantique. Le bateau atteint la vitesse de quatorze nœuds, rallie Alger en vingt-huit heures. Accompagné de son ami Harry Alis, journaliste qui mourra en duel en 1895, Maupassant fait partie des passagers de première classe. La traversée se déroule à la table du commandant en compagnie d'un colonel, d'un ingénieur, d'un médecin et de bourgeois d'Alger. Chacun expose son idée sur l'administration nécessaire à l'Algérie. Lieux communs! Après dîner, sur le pont, Maupassant savoure la nuit chaude, étoilée. Rien à signaler.

Alger, au petit matin. La baie rappelle le golfe de Naples et celui d'Ajaccio. À bâbord, les cimes lointaines du Djurdjura couvertes l'hiver de neige. Alger-Mustapha s'étale en espaliers jusqu'à deux cents mètres d'altitude. Abritée des vents du nord et de l'ouest, rafraîchie par la brise de mer, ombragée par les pins, les eucalyptus, les palmiers, les orangers, Alger est protégée par une immense jetée sur laquelle Maupassant se promène : « On regarde, extasié, cette cascade éclatante de maisons dégringolant les unes sur les autres du haut de la montagne jusqu'à la mer. On dirait une écume de torrent, une écume d'une blancheur folle ; et de place en place, comme un bouillonnement plus gros, une mosquée éclatante luit sous le soleil. »

Quel sera le ton des chroniques ? Inscrites dans le mouvement, relevées de rencontres, balayées par la curiosité. Un peintre remplit un carnet de voyage, attrape d'un coup de pinceau les couleurs de la rue. Il ne prend pas de notes. Il écoute, respire, se laisse étonner. Pas d'état d'âme, pas de détours. Mais des descriptions enlevées, suivies d'une sensation, d'un dialogue bref. Maupassant s'y met rarement en scène, seulement pour rendre l'article plus vivant. Il ne s'interdit pas des opinions personnelles, des jugements catégoriques. La géographie est précise. L'énergie de plusieurs journées concentrée en quelques pages.

À Alger, Maupassant revoit Jules Lemaitre qu'il avait reçu au ministère de l'Instruction publique sur les recommandations de Flaubert. Après avoir été professeur de rhétorique au Havre, Lemaitre, grand flaubertien, enseigne la littérature à Alger. Il n'a jamais rien lu de Maupassant. Il a entendu parler de *Boule de suif*. Il attendra *Mademoiselle Fifi* pour le découvrir et lui rendra hommage dans *Les Contemporains*. Il gardera le souvenir d'un homme « très simple et très doux... qui continuait à avoir très bonne mine ».

Maupassant séjourne deux mois en Algérie : Après Alger, Oran, Boghar, le Djebel-Amour, le Zar'ez, la Kabylie, il descend au sud jusqu'à Ghardaia. Tous les territoires du Sud ne sont pas encore connus et des missions continueront de l'explorer jusqu'en 1893. Un tableau de Léon Couturier, *Marche forcée, La colonne du général Détrié dans le Sud oranais*, peint en juin 1881, représente bien ces soldats portant un lourd sac à dos, leur fusil, des pantalons bouffants de zouaves, des guêtres de cuir, s'appuyant sur des bâtons pour affronter le désert, la gueule brûlée par le soleil, le sirocco qui « charrie du feu ».

Maupassant se montre très critique contre le système français de la colonisation, les nominations de fonctionnaires. Il pointe les méthodes d'expropriation, juge les colons, garde sa sympathie aux militaires restés au contact des populations locales. Mais sa plume se montre aussi raciste — « qui dit Arabe dit voleur, sans exception » —, antisémite : « Dès qu'on avance dans le sud, la race juive se révèle sous un aspect hideux qui fait comprendre la haine féroce de certains peuples contre ces gens, et même les massacres récents. » Sa description des commerçants juifs et des usuriers ? Une caricature d'époque !

Il justifie le massacre de populations israélites, oppose juifs d'Europe et d'Alger « que nous coudoyons chaque jour, nos voisins et nos amis... instruits, intelligents, souvent charmants » aux juifs de là-bas qu'il compare à des araignées. Cet antisémitisme de la fin du XIXe siècle se retrouvera dans les pages de *Bel-Ami* et de *Mont-Oriol*. Il décrit la vie quotidienne, le cérémonial du café, la nourriture locale qu'il apprécie, le hamis, le « kous-kous » dont il compare les grains de farine à du plomb de chasse.

Au-delà de l'enquête, l'Algérie sera la révélation du grand Sud. « Je regardais cette syllabe si courte qui me paraissait surprenante comme si je l'avais jamais lue. J'en découvrais, me semble-t-il, le sens mystérieux... Le Sud ! Le désert, les nomades, les terres inexplorées et puis les nègres, tout un monde nouveau, quelque chose comme le commencement d'un univers ! Le Sud ! comme cela devient énergique sur la frontière du Sahara. »

Sa nature solaire éclate. Il ne pourra plus se passer de la chaleur. Il fréquente les bordels, les prostituées raffinées de la tribu des Oulad-Naïl, qui reçoivent leurs clients sous un plafond de roseaux et sur des tapis. Sa conscience journalistique le pousse à monter en première ligne. Le Sud, libération des instincts, sensualité débordante, échappatoire à la culpabilité judéo-chrétienne. Le voyage, le sexe, deux faces du nomadisme. Dès qu'il le peut, il fait l'amour. Dans ses lettres, il n'y a pas un morceau de bravoure comparable à celui de Flaubert racontant à Bouilhet sa nuit à Esnèh en Égypte avec Kuchuk-Hanem, ses cinq coups et ses trois gamahuchages. Une nouvelle cependant, *Allouma*, signale la dimension érotique de l'Algérie dans l'œuvre de Maupassant. Elle raconte l'ivresse sensuelle qu'inspire à un colon du Bordj-Ebbaba une jeune et fugitive nomade, Allouma, « une bête à plaisir » impossible à retenir et qui s'enfuira avec un berger « peut-être parce que depuis un mois le vent vient du sud presque régulièrement. Cela suffit ! un souffle ».

Maupassant jouit de la disponibilité du voyageur, note le dénuement du peuple arabe, sa façon de passer sur Terre sans s'y attacher, de ne rien posséder. L'Algérie rencontre sa sauvagerie. *Au soleil*, publié en 1884, somme de plusieurs de ses chroniques, lui est consacré. Mais le titre ne renvoie pas aux événements politiques. Maupassant y décline une philosophie de l'errance : soleil, pierres, désert, mer.

En octobre 1887, il reviendra en Algérie, ira jusqu'en Tunisie où il restera deux mois. Une longue parenthèse, un tiers de l'année en Afrique du Nord. Il y séjourne de nouveau l'automne suivant et son dernier voyage date de 1890. Ce n'est plus le journalisme qui le pousse à traverser la Méditerranée même s'il envoie quelques chroniques au *Gaulois,* c'est l'impérieux besoin de se chauffer, de suer sous le soleil. Il escalade des monts, traverse des forêts : « Rien ne pèse, en ces courses alertes dans l'air vif des hauteurs, rien ne pèse, ni le corps, ni le cœur, ni les pensées, ni même les soucis. Je n'avais plus rien en moi, ce jour-là, de tout ce qui écrase et torture notre vie. »

Il parvient à défier le soleil ? Il est encore en vie ! Démarche prométhéenne. En se gavant de soleil, cet héliotrope calme ses angoisses, repousse l'échéance de la mort. Il entretient ses racines à Étretat mais s'exile dans un ailleurs, échappe à la dépression climatique, à la mélancolie de sa terre : « L'air et le climat font la conquête de notre chair, malgré nous, et la lumière gaie dont il est inondé tient l'esprit clair et content, à peu de frais. Elle entre en nous à flots, sans cesse, par les yeux, et on dirait vraiment qu'elle lave tous les coins sombres de l'âme. »

En dix ans, Maupassant cumule les voyages au long cours : quatre longs séjours en Algérie et en Tunisie, deux en Italie, un en Angleterre. Les brumes anglaises ne l'inspirent pas. L'Italie est un voyage d'apprentissage au milieu des ruines et sous les fresques. Entre avril et juin 1885, accompagné de ses amis le peintre Henri Gervex et le journaliste Georges Legrand, il visite Venise, Rome où habite l'une de ses bonnes connaissances, le comte Primoli ; Naples, Ischia et la Sicile.

Ils vont mener pendant plusieurs mois une vie de garçons en goguette. À Venise, ils essaient de ne pas céder « à la conspiration de l'enthousiasme ». Dans une chronique envoyée au *Gil Blas*, Maupassant écrit : « tout semble en ruine, tout semble sur le point de s'écrouler dans cette eau qui porte une ville usée ». Sans doute, a-t-il l'impression de voir son visage se refléter dans un miroir vieilli et piqué. Il compare les canaux à des égouts à ciel ouvert. « Venise n'est qu'un bibelot » mais il tombe sous le charme de la basilique Saint-Marc, au style mauresque — l'exotisme — et des grands ciels de Tiepolo — la respiration —, s'imagine bien vivre au palais Labia.

En revanche, il n'apprécie pas Rome où, avec ses amis, ils peignent la ville en rouge, font la noce. « Mon maître est à Rome, avec ses amis... Tous s'amusent beaucoup », note François Tassart, resté à Paris. Indifférent au *Jugement dernier* de Michel-Ange, « une toile de foire peinte pour une baraque de lutteurs par un charbonnier ignorant », Maupassant juge Saint-Pierre « de mauvais goût ».

Naples et son sudisme brouillon lui conviendra mieux. Il remarque la crasse de la ville, l'absence de balayeurs, et déjà les cochers roulent comme des fous. Il déjeune à la trattoria Pallino, au Vomero. Il y a toujours chez Maupassant un côté aristocrate se promenant au milieu de la populace qu'il compare à de la vermine. De Naples, il va à Ischia dévastée par un tremblement de terre. La tectonique des plaques influe sur les âmes. La terre tremble. Le cerveau peut-il aussi trembler ?

En Sicile les volcans le fascineront. La sauvagerie, la beauté maritime, écorchée de cette séductrice prise par plusieurs peuples lui rappellent la Normandie, la Corse, l'Algérie. Sous le soleil, il contemple l'art roman de son enfance : la chapelle Palatine avec ses mosaïques d'or, San Giovanni degli Eremiti, ses coupoles mauresques rouge sang, son cloître, ses palmiers, ses orangers. Jardins prisonniers des pierres comme à l'hôtel des Palmes où il descend et respire l'essence de roses dans la chambre de Wagner : « J'ai voulu voir l'appartement occupé par ce musicien génial, car il me semblait qu'il avait dû y mettre quelque chose de lui, et que je retrouverais un objet qu'il aimait, un siège préféré, la table où il travaillait, un signe quelconque indiquant son passage, la trace d'une manie ou la marque d'une habitude. Je ne vis rien d'abord qu'un bel appartement d'hôtel... Mais j'ouvris la porte de l'armoire à glace. Un parfum délicieux et puissant s'envola comme la caresse d'une brise qui aurait passé sur un champ de rosiers. Le maître d'hôtel qui me guidait me dit : "C'est là-dedans qu'il serrait son linge après l'avoir mouillé d'essence de roses. Cette odeur ne s'en ira jamais maintenant." »

Maupassant est le romancier des parfums. Dans *Les Sœurs Rondoli*, le narrateur traverse le Midi en train. Il entre dans le paradis des odeurs de roses, de bois d'orangers, de citronniers. On le respire, on le boit. C'est « doux », « délicieux », « divin ». Étonnant que Maupassant en Sicile se livre à ce pèlerinage olfactif sur les traces de Wagner. Mais n'est-ce pas cela aussi la littérature : retrouver les images, les parfums d'autrefois. Pays de la sensualité : le feu sort de la terre, les sources d'eau bouillonnent, l'air est parfumé.

À Palerme, il n'oublie pas la mort en visitant le cimetière des Capucins où s'aligne une collection de trépassés, de momies. Femmes et hommes sont séparés. Les enfants occupent une galerie à part. Après cela, il a besoin de prendre l'air. Comme toujours en voyage, il se promène, erre, apprécie les montagnes. Avec la mer, elles constituent son décor favori. Ensuite, escale à Ségeste. Il parle longuement d'architecture. Il s'est documenté, se livre à des descriptions de temples, de colonnades. Le sensuel et l'esthète se confondent. Il admire ces peuples d'antan, Normands, Grecs qui avaient « l'amour et l'admiration du beau ».

Mais la Sicile est aussi « le vrai royaume de Satan... où il fait bouillir les damnés... C'est par *milliers* qu'on trouve les mines de soufre dans cette île de feu ». Catacombes et lumières, dyptique où Maupassant, le soleil noir, se reconnaît.

Après Catane, voici Taormine. « Un homme n'aurait à passer qu'un jour en Sicile et demanderait : "Que faut-il y voir ?" Je lui répondrais sans hésiter : "Taormine." Ce n'est rien qu'un paysage, mais un paysage où l'on trouve tout ce qui semble fait sur la terre pour séduire les yeux, l'esprit et l'imagination. »

Je suis allé à Taormine, village perché au sommet d'une

montagne, Saint-Tropez sicilien, villégiature fortunée. Au XIXe siècle, il devait ressembler à un village corse, solitaire, nu, devant la mer Ionienne. Le couvent de San Dominico n'était pas encore transformé en hôtel. Aujourd'hui, le bar du San Dominico Palace est un autel de bois où les bouteilles de ginger et de marsala ressemblent à des icônes. Un feu de bois brûle dans une cheminée papale. Un orchestre composé d'une cithare, d'une contrebasse et de deux guitares joue la sérénade de Taormine : mélange de musique grecque et italienne. Les anges accrochés aux murs se penchent pour écouter cette mélodie un peu triste. Elle donne envie d'aimer, de boire. Les statues s'apprêtent à faire un pas de danse. Assis dans un fauteuil rouge cardinal, j'essaie d'apercevoir les feux des bateaux sur la mer Ionienne. Le bar du San Dominico, le plus beau bar du monde. J'y bois des Mimosas. Maupassant aurait-il aimé ce cocktail de champagne et d'orange. Continuait-il à boire en voyage ? Les chambres du San Dominico donnent sur la mer et le jardin, proue de navire débordant de bougainvilliers mauves, de pommiers, d'orangers, de citronniers. Des massifs de buis entourent les arbres. Près des tonnelles un gisant accoudé, blanc et barbu, semble se reposer sur une méridienne.

Le point de vue de Taormine. Asseyons-nous sur un balcon du San Dominico ou les gradins du théâtre grec « si merveilleusement placé qu'il ne doit pas exister, par le monde entier, un autre point comparable ». Derrière la scène, les murs éboulés laissent voir la mer Ionienne, immense. Taormine a dû rappeler aux Grecs le cap Sounion. Le soleil sur l'eau produit un effet de miroir. Pureté minérale qui se retrouve partout en Italie. En tournant la tête, « à droite, au-dessus de tout, dominant tout, emplissant la moitié du ciel de sa masse, l'Etna couvert de neige, et qui fume, là-bas ».

Ce voyage en Sicile et en Italie, Maupassant l'évoque dans un livre trop peu connu, au titre baudelairien, *La Vie errante*. Il résume, au bout du compte, son art de vivre, entre trente et quarante ans. L'angoisse de l'immobilité, le refus d'une modernité et d'une démocratie triomphantes : « J'ai quitté Paris et même la France, parce que la tour Eiffel finissait par m'ennuyer trop. »

« Non seulement on la voyait de partout, mais on la trouvait partout, faite de toutes les matières connues, exposée à toutes les vitres, cauchemar inévitable et torturant. »

« Ce n'est pas elle uniquement d'ailleurs qui m'a donné une irrésistible envie de vivre seul pendant quelque temps, mais tout ce qu'on a fait autour d'elle, dedans, dessus, aux environs. »

Comment un écrivain ne serait-il pas un homme pressé : il a tant de vies à traverser dans les grandes largeurs. « Je suis entré dans la vie comme un météore et j'en sortirai par un coup de foudre », écrivait Maupassant à José Maria de Heredia. Cette ligne de fuite dans le ciel du XIXe siècle a fasciné Morand, passager du XXe. Les points communs entre les deux écrivains : la nouvelle, le style à la pointe sèche, le désespoir, l'érotisme, le masque de l'impassibilité, le sens du secret, l'héliotropisme, le sport, l'impressionnisme, la force de production. Le livre de Morand sur Maupassant, paru en 1942, a été critiqué par les universitaires : ils l'ont jugé approximatif. Mais il y a l'œil, des fulgurances, des pépites introuvables dans les thèses de doctorat.

Son père, Eugène Morand, recevait à sa table des contemporains et amis de Maupassant : Jacques-Émile Blanche,

Rodin, Armand Silvestre, Mallarmé. Paul Morand a été élevé à l'école des naturalistes. Quand il prépare son livre, il s'adresse à Jacques-Émile Blanche : « J'écris un petit livre sur Maupassant (trois conférences). L'avez-vous connu ? Y a-t-il des lettres de lui quelque part à Offranville ? Vous devez avoir mille souvenirs. En avez-vous publié ? Je connais Miromesnil. J'y fus il y a trois ans avec Alexis Leger. Mais ce nom fait de 3 ans 3 siècles. » Pourquoi cette promenade de Morand avec Saint-John Perse ? Aucun biographe n'en parle. Était-ce à l'invitation des Vogüé qui venaient d'acheter le château ou un pèlerinage de garçons ? Dans sa correspondance inédite avec Blanche, Morand affirme : « Ma conclusion du livre sur Maupassant sera que tout ce que les naturalistes ont essayé en littérature, ce sont les peintres qui l'ont réussi, c'est sur de frêles toiles que les années 1875-90 passeront à la postérité. » Morand interroge Blanche sur la comtesse Potocka, Albert Cahen d'Anvers, le salon Straus, déplore qu'en 1941 « tous les grands juifs soient dans l'autre zone ».

Maupassant fait entrer le sport dans la littérature, lui donne de l'air. Le cadet en retient la leçon. L'érotisme, les femmes, la séduction occupent dans leurs livres une place plus importante que l'amour et le sentiment, une glu à leurs yeux. Les deux M sont loués pour leurs nouvelles et récits de voyages. Quand Maupassant prendra son envol, il travaillera, gagnera de l'argent, promènera sa tristesse sans jamais s'arrêter et s'expliquer. Attitude suivie par Morand. La Méditerranée les réunit. Antibes pour l'un, Villefranche pour l'autre. Ils ont vécu « cette vie polynésienne ».

Morand lui rendra un hommage répété. « Ce que Maupassant représentait pour nous, enfants "fin-de-siècle" ? Une bouffée de grand air, d'abord ; chasse, rame, voile, le

111

sport, fait nouveau en littérature, un athlète soulevant des livres à bout de bras ; un réaliste "fouetté par les faits" ; un Parisien qui ne se laissait pas capturer dans les mailles de la tour Eiffel, préférant le grand large à la Seine, et dont la Manneporte et la Porte-d'Amont à Étretat étaient les vrais arcs de Triomphe. » Morand partage aussi sa haine des ronds-de-cuir, sa connaissance des rues chaudes, ses ribotes, ses enthousiasmes, son dandysme, son goût de la clandestinité : « car un dandy, s'il s'amuse, ne doit jamais en avoir l'air ». En 1942, Morand se rapproche de la Normandie qu'il avait connue à Caen pendant son service militaire, à Dieppe, quand il prenait la malle anglaise et dans l'Eure où il résidait parfois au manoir de Trianel. Il a toujours rejeté l'idée d'être propriétaire « car cela vous prive de toutes les autres maisons du monde qu'on aurait pu avoir ». Soudain, il est pris du désir d'acheter une ferme, écrit-il à Blanche, « dans les 15 hectares avec de l'herbe et des pommiers ; à un étage (on ne peut rien faire d'une maison à 2 étages, c'est trop laid de proportions). Et pas de labours ! (Je n'aime pas les ouvriers agricoles tchécoslovaques.) Si vous ne trouvez rien, je demande une concession chez les Tcherkesses. » C'est au cimetière de Trieste que Morand trouva une concession mortuaire à perpétuité : ses cendres y ont été mêlées à celles de sa femme Hélène, après quatre-vingt-huit années brûlées au cœur du siècle. Le double de la vie de Maupassant.

Revoir Paris

Retour à Paris. Étouffements, perte de temps. Paris a reconnu le Normand sans argent, le taureau triste. Paris l'a consacré. Paris ne l'aura pas brûlé.
Le Paris de Maupassant ? Celui des années 1870-1890. L'un de ses amis, le peintre Jean Béraud en a laissé des tableaux où frémissent les robes de la Belle Époque. Les grands bourgeois ont toujours protégé Béraud né un an avant Maupassant à Saint-Pétersbourg, mort en 1935 : une vie longue, comblée.
Régulièrement, Béraud est redécouvert. Des rétrospectives lui sont consacrées. Talentueux chroniqueur du pavé, des salons. Le boulevard des Capucines devant le café Napolitain, le théâtre du Vaudeville, son fiacre, son garde républicain casqué. Le Paris des colonnes Morris et ses affiches de spectacles colorées. Les hommes en habit, plastron et haut-de-forme. Les soirées à l'Opéra ou dans des salons parisiens, sous les moulures et les lourds rideaux rouges. Place de la Concorde, une femme en robe noire, les cheveux roux, le visage protégé d'une voilette tenant dans la main un paquet entouré d'un ruban rose. Le pavé de la porte Saint-Denis. Les

rendez-vous amoureux obtenus à l'arrachée. Les rues sous la neige. L'Exposition universelle autour de la tour Eiffel. Maupassant aura été lui aussi un piéton de Paris. Il faudra de grands froids pour qu'il se déplace dans les fiacres de l'Urbaine ou ceux de la Compagnie générale des Voitures. Il préfère marcher sur les boulevards. Employé au ministère de la Marine, il fréquente les cafés et dîne le soir dans l'arrière-boutique d'un marchand de vin de la rue Houdon. Il respire Paris comme Duroy à la recherche d'une aventure facile au début de *Bel-Ami*.

Le Paris de Maupassant, c'est d'abord celui de la Madeleine, du boulevard des Capucines, du IXe arrondissement. Il habita au 2, rue Moncey puis au 17, rue Clauzel, deux rues proches, aux immeubles en pierres blanches, habités autrefois par des employés et des petits-bourgeois. Quartier aussi fréquenté par les prostituées. À trente ans, écrivain reconnu, Maupassant se déplace vers le XVIIe arrondissement. Au 83, rue Dulong il loge dans un appartement d'une cinquantaine de mètres carrés. La pièce principale sert de cabinet de travail. « Parmi les objets d'art, écrit Pierre Borel dans *Maupassant et l'androgyne*, on remarque une Vénus en marbre d'un charme sensuel comparable à certains marbres de Rodin ; un Bouddha en bois doré et quelques paysages normands : deux grandes toiles de Le Poittevin, *Les Falaises d'Étretat* et *Le Jardin de La Guillette*, maison de Guy de Maupassant à Étretat ; un paysage par Nozal, *La Moisson*, plat, insipide, une petite toile hollandaise fraîche et légère de coloris, et une *Salomé dansant* lascive et tourbillonnante, plus que nue sous les voiles diaphanes... un piano complète ce décor. »

Appartement d'une bohème confortable, à côté du Pont-Cardinet, au-dessus de la gare Saint-Lazare. Maupassant dévale la rue de Rome, saute dans un train. Direction : la Normandie.

À l'époque de la rue Dulong, Maupassant engage son « valet de chambre-cuisinier » François Tassart qui lui a été présenté par son tailleur. Né en 1856, le domestique qui resta dix années au service de Maupassant jusqu'à sa mort, partagea son intimité, a connu la Seconde Guerre mondiale : il est mort en 1949. Il ne pouvait écrire un mot de français sans une faute d'orthographe mais il publia deux livres de souvenirs. François, ce Leporello costaud aux favoris en côtelettes, a été décrié pour ses approximations et ses trous de mémoire. Il reste le témoin privilégié de la vie quotidienne de Maupassant. Au début de son service, il découvre un appartement en désordre : « Je trouvais des livres, des brochures, des journaux empilés le long des murs, contre les meubles, même au pied des meubles. Sur les tables, il y en avait des montagnes. Je cirais et astiquais tous les jours, mais c'était peine perdue ; mon maître se promenait de son lavabo à sa table de travail avec des serviettes ruisselantes d'eau. »

La géographie de Maupassant à Paris suit son ascension sociale. En mai 1884, il s'installe, dans le XVIIe arrondissement mais du côté de la plaine Monceau, au rez-de-chaussée du 10, rue Montchanin (aujourd'hui rue Jacques-Bingen). Tous ses biographes l'ont fait vivre dans un immeuble où il n'a jamais habité. Armand Lanoux décrit « une demeure coquette... bien campée sur ses trois étages... d'un gothique Viollet-le-Duc pas trop voyant ». Cette description correspond au 13, rue Jacques-Bingen : édifice de briques datant de 1880 qui rappelle un château baroque avec des fenêtres aux proportions de meurtrières et des gargouilles sur la façade. Il ne dispose pas de rez-de-chaussée. Le 10 est un immeuble de briques plus modeste, bâti aussi en 1880, par Charles More, qui dispose d'une grande verrière au dernier étage. Une verrière d'atelier d'artiste. Or, c'est le cousin de Maupassant, Louis Le Poittevin, le peintre, qui a fait construire l'immeuble.

J'ai pu entrer dans l'appartement du rez-de-chaussée au moment où il était transformé en bureaux. Vastes pièces avec des colonnes doriques et une immense glace. Nous savons par ses lettres et ses attestations que Maupassant habitait bien le 10, rue Montchanin. Le dernier classement et alignement de la rue date de 1883. Depuis, il n'y a pas eu de changement de numérotation. Cette confusion entre deux numéros n'est pas anodine. Les biographes voyaient dans ce choix pour un immeuble « gothique » une preuve de l'excentricité de Maupassant. Or rien de plus sobre que le 10, de l'ancienne rue Montchanin.

Maupassant suit personnellement la décoration de son appartement. La salle à manger est tendue de rouge grenat, le salon Louis-XVI de bleu, la chambre de jaune et le jardin d'hiver de vert olive, le bureau de vert tendre légèrement bleuté. Des têtes d'anges en bois massif sont accrochées dans la serre. Il fait installer un calorifère, une salle de douche. Goncourt parlera de « "logis de souteneur caraïbe" : L'invraisemblable et l'étrange mobilier! Cré matin, le bon mobilier de putain! C'est celui de Guy de Maupassant dont je parle. Non, non, je n'en ai point vu de ce calibre. Figurez-vous, chez un homme, des boiseries bleu de ciel avec des bandes marron, une glace de cheminée à demi voilée par un rideau de peluche, une garniture en porcelaine bleu turquoise de Sèvres, de ce Sèvres monté en cuivre, particulier aux magasins où l'on achète des mobiliers d'occasion, et des dessus de portes composés de têtes d'anges en bois colorié, d'une ancienne église d'Étretat, des têtes ailées s'envolant sur des flots d'étoffes algériennes ! Vraiment, ce n'est pas juste à Dieu d'avoir donné à un homme de talent un si exécrable goût. »

Maupassant a cédé à la mode du bibelot exotique, au bric-à-brac de la Belle Époque. Pour un peu son appartement ressemblerait à la caverne de Loti. Il y fait très chaud. Air saturé de parfums capiteux. C'est l'appartement auquel il a été le plus attaché. Ensuite, il séjournera quelques mois avenue Victor-Hugo mais l'appartement se révèle trop bruyant. À partir de 1890, il habitera au 24, rue du Boccador, dans le VIIIe arrondissement, tout en ayant une garçonnière, avenue Mac-Mahon.

Années parisiennes consacrées au travail. Le sexe et le voyage sont des parenthèses. À Paris, Guy de Maupassant se réveille à sept heures. Il ne déjeune pas. Il reste parfois dans son lit pour écrire ou s'installe dans son cabinet de travail. Il s'occupe du sort de ses livres. Il ne laisse rien passer aux éditeurs, rêve de les ruiner. Il leur consacre une grande partie de sa correspondance, essentiellement à Havard et à Ollendorf. Il demande des avances, l'état de ses droits d'auteur, s'inquiète de ne pas recevoir les coupures de presse, juge impitoyablement leurs relations avec les libraires. Ne dépendre que de soi, ne faire confiance qu'à soi : mot d'ordre de la petite entreprise Maupassant. L'argent compte pour ce Cauchois qui en a manqué cruellement. Il le placera, en distribuera à son père, à son frère, à sa mère et même à Villiers de L'Isle-Adam perclus de dettes. Il gagne des millions de francs de droits d'auteur. Vie et succès d'un écrivain en vogue. De son vivant, ses livres se vendent en moyenne à 13 000 exemplaires. *Fort comme la mort* dépassera les 35 000. En 1891, Maupassant estimera avoir vendu au total 373 000 volumes de nouvelles, romans et récits du voyage. À chaque parution, il bénéficie d'une presse abondante et presque toujours favorable.

Trois romans se déroulent à Paris : *Bel-Ami* (1885), *Fort comme la mort* (1889) et *Notre cœur* (1890). Ils suivent l'évolution géographique et sociale de Maupassant. À trente-cinq ans, il signe un de ses meilleurs romans mais aussi celui qui va susciter la plus grande ambiguïté : Maupassant est-il ou non Bel-Ami ? Sans relation ni fortune, Georges Duroy, le héros, va séduire Paris. Cynique, calculateur, parvenu, ce fils de cabaretiers de Canteleu prend une femme, s'en sert, la jette.

Au début du roman, il rencontre, place de l'Opéra, un ancien camarade du 6e hussards avec qui il a servi en Algérie, Charles Forestier, journaliste, responsable des pages politiques de *La Vie française*, journal financier bourré d'échos et de ragots, dirigé par Walter, un affairiste doublé d'un homme politique. Dès leur première conversation, Charles Forestier donne à Duroy les clefs de la réussite : « Ça n'est pas difficile de passer pour fort, va ; le tout est de ne pas se faire pincer en flagrant délit d'ignorance. On manœuvre, on esquive la difficulté, on tourne l'obstacle, et on colle les autres au moyen d'un dictionnaire. Tous les hommes sont bêtes comme des oies et ignorants comme des carpes. » Ces conseils serviront de ligne de conduite à l'ancien sous-officier : il devient journaliste. Phtisique, Forestier finit par mourir. Duroy épouse sa femme, Madeleine, inspiratrice intelligente qui rédige ses articles. Puis il s'en sépare. La razzia continue. Elle s'achèvera à l'église de la Madeleine où, devenu le baron Du Roy de Cantel, Georges Duroy épouse Suzanne Walter, la fille du propriétaire de *La Vie française*, après avoir été l'amant de sa future belle-mère.

L'identification de Maupassant à Bel-Ami s'est prolongée de nos jours. À l'origine, la dédicace du roman adressée à plusieurs femmes de sa connaissance, signée « *Bel-Ami* ». Ensuite, ses deux yachts ont porté le titre de son roman. Enfin, Armand Lanoux a publié une biographie sous le titre *Maupassant, le Bel-Ami*. Ainsi fut représenté un écrivain mondain, homme à femmes et parvenu. Maupassant n'est pas Bel-Ami. Il s'est plutôt inspiré d'Aurélien Scholl, bel homme et journaliste en vue. Cette confusion pérennise l'image d'un canotier de la littérature hissé soudain au rang d'écrivain nouveau riche. Duroy, hussard se rêvant maréchal d'empire, incarne un personnage noir, intrigant, un salaud de son époque. Tout lui sourit. Il n'y a ni justice ni morale.

Bien sûr, Maupassant s'est battu pour devenir un personnage parisien. Mais écrivain avant tout, il s'est imposé grâce à son talent. Les femmes n'ont pas déterminé sa réussite personnelle. Il la doit à Flaubert, à son propre travail. C'est un laboureur ; Duroy, un fumiste. Quand il signe des exemplaires de son roman, « *Bel-Ami* », il provoque, aiguillonne la lectrice, joue habilement sur l'équivoque du roman autobiographique. Enfin écrire « Bel-Ami c'est moi » c'est reprendre le cri « Madame Bovary c'est moi » de Flaubert. Bien sûr, tout écrivain se fond dans ses personnages. Mais il s'agirait de la part noire d'un Maupassant qui n'aurait pas réussi. À ce jeu, il se retrouve aussi dans Jacques Rival, le chroniqueur à la mode ou dans Norbert de Varenne, le poète raté, hanté par la mort, deux personnages secondaires.

Au fil du temps, Maupassant est devenu Bel-Ami, le séducteur de la littérature. Ce lieu commun se trouve à l'origine de la création du parfum BelAmi par la maison Hermès. Coïncidence troublante quand on sait l'importance du sens olfactif dans la vie et l'œuvre de Maupassant. Lors de la création du parfum, en 1984, les parfums Hermès étaient dirigés par Jean-Paul Lepelley, un Normand, amateur de chasse, de littérature. Avant de se lancer dans le club très fermé des parfumeurs, il tenait à Dieppe la librairie de la Barre où je fis mon éducation littéraire. Bien des années après, nous nous retrouvâmes, dans sa maison de Varengeville, autour d'un porto et d'un flacon de BelAmi. Pourquoi Hermès, maison protestante du faubourg Saint-Honoré, avait-elle choisi un personnage aussi négatif et vil que Georges Duroy ? Certes sur le flacon de parfum, le nom ne porte pas de trait d'union. Mais il reste une référence au roman de Maupassant.

— C'est le nom de Bel-Ami qui nous a plu, affirme Jean-Paul Lepelley. Nous connaissions l'aspect sulfureux du personnage et la vie de Maupassant. Mais nous voulions jouer sur l'idée de la séduction. Nous avons fait confiance à l'inculture des gens. Dans nos publicités, nous avons pris le parti de présenter une femme, un tableau de Klimt : *Une femme abandonnée*. Notre slogan était : « il se parfume, elle s'abandonne ». Bien évidemment, nous avons triché en n'évoquant jamais la référence à Maupassant et à son héros. Aucun journaliste cosmétique ne l'a d'ailleurs signalée.

BelAmi, parfum méditerranéen et viril, emprunte des effluves familiers à Maupassant, l'amant de la Riviera.

— Nous savions que nous voulions quelque chose qui rappelle le cuir. Nous avons beaucoup flairé de peaux de cuir avant de tomber sur un parfum inconnu qui s'appelait le Knize Ten à la forte odeur de cuir et de bitume. C'est Jean-Louis Sieuzac qui a trouvé le jus. Il y a beaucoup de bergamote, de la santoline, du cyste labdanum et de la lavande de Grasse. C'est un parfum chypré, tenace, cuiré.

Hermès vend chaque année entre cinq cent mille et un million d'unités de la gamme BelAmi :

— Ce n'est pas un succès populaire, conclut Jean-Paul Lepelley, nous voulions en faire un parfum élitiste.

À la Belle Époque, les salons constituent le dernier lien entre l'aristocratie et la bourgeoisie. Célibataire, Maupassant travaille toute la journée, sort le soir. Besoin de s'amuser, de s'enivrer, de s'oublier. Il gagne beaucoup d'argent. Il a une éducation, une couronne de marquis. Un passage par les salons, ces ruches à femmes, s'impose. Il fréquente ceux de la princesse Mathilde et de Mme Brainne où il a été introduit par Flaubert, de Mme Cahen d'Anvers, de Mme Straus, de Mme Yung. Il participe aux dîners des Macchabées de la comtesse Potocka. Son nom circule entre les faubourgs Saint-Germain et Saint-Honoré. Il reçoit chez lui. Des dîners de seize personnes. Belles femmes, noms connus, champagne. Paris, la capitale du malentendu, s'occupe des fausses réputations : Maupassant est un mondain, *of course*.

En 1891, le journaliste Jules Huret vient l'interviewer pour son *enquête sur l'évolution littéraire*, dans *L'Écho de Paris* : « Monsieur de Maupassant a la réputation d'être l'homme de Paris le plus difficile à approcher... » L'écrivain entre dans le crépuscule de sa vie. Les épaules voûtées, la moustache « bicolore, châtain avec des poils qu'on dirait passés à l'alcool », il se montre poli mais fatigué, la mine migraineuse.

— Oh! monsieur... — et ses paroles sont lasses et son air est très splénétique —, je vous en prie, ne me parlez pas littérature!... j'ai des névralgies violentes, je pars après-demain pour Nice, le médecin me l'ordonne... cet air de Paris m'est tout à fait contraire, ce bruit, cette agitation... je suis vraiment très malade ici...

Maupassant refuse d'aborder toute conversation littéraire. Les questions d'esthétique ou d'école l'ennuient.

— Oh! littérature! monsieur, je ne parle jamais. J'écris quand cela me fait plaisir, mais en parler, non. Je ne connais plus, d'ailleurs, aucun homme de lettres; je suis resté bien avec Zola, avec Goncourt, malgré ses *Mémoires*, je les vois rarement d'ailleurs; les autres jamais. Je ne connais que Dumas fils, mais nous ne faisons pas le même métier... et nous ne parlons jamais littérature... il y a tant d'autres choses!...

Dans l'arène de la mondanité, Maupassant reste un clandestin. Heureux certes de participer à la corrida mais s'ennuyant ferme. « Toute réunion d'hommes m'est odieuse. Un bal me donne de la tristesse pour huit jours. Je n'ai jamais vu une course de chevaux, ni même une revue, ni une fête nationale. J'ai horreur de tout ce qui est fade, timoré, inexpressif. »

Le temps des copains, celui du canotage, de Bougival et de Chatou, dérive sur la Seine. Maupassant reste attaché à Léon Fontaine, « Petit Bleu », et Robert Pinchon, « La Tôque », ses plus vieux amis. En 1886, à Cannes, il organisera une réunion des anciens de Chatou. À Paris, à partir de 1880, il rencontre journalistes et écrivains. Il dégage une sympathie immédiate. Il fréquente Henri Amic, Paul Bourget, Henri Gervex, Georges de Porto-Riche, Octave Mirbeau qui aura ce mot terrible après son internement : « Depuis que je sais ce drame, j'ai toujours à l'esprit ces paroles de Saint-Just : "Celui qui n'a pas eu d'amis sera mis à mort." Et jamais Maupassant n'a rien aimé, ni son art, ni une fleur, ni rien! C'est la justice des choses qui le frappe. »

Maupassant est un camarade chaleureux, enjoué, un homme à hommes. Il ne se découvre qu'à moitié. Il révèle son côté rigolard, blagueur, dissimule l'écrivain. À Paris, il ne veut pas jouer l'homme de lettres, le fauve domestiqué. Mais les salons constitueront un de ses terrains d'observation.

Fort comme la mort, sans doute l'un de ses meilleurs romans, le plus poignant, raconte l'histoire du peintre mondain, Olivier Bertin. Depuis de longues années, il a pour maîtresse Anne de Guilleroy. Liaison tendre de vieux couple. Bertin va être frappé par la ressemblance d'Annette, la fille d'Anne, avec sa mère. Dans son visage, il revoit la femme rencontrée douze ans auparavant. Il vieillit, il connaît une crise de création et tombe amoureux de la jeunesse. Le monde est un miroir qui renvoie à Bertin sa solitude, son délabrement physique : douleurs oculaires, mélancolie aiguë. Il s'enfonce dans les ténèbres, isolé, incompris tandis que croît la rumeur de la société. Bertin s'impose comme l'un des doubles de Maupassant. Plusieurs fois, il sonne la charge contre les gens du monde : « Il montra que rien chez eux n'est profond, ardent, sincère, que leur culture intellectuelle étant nulle, et leur éducation un simple vernis, ils demeurent, en somme, des mannequins qui donnent l'illusion et font les gestes d'êtres d'élite qu'ils ne sont pas. Ils vivent, disait-il, à côté de tout, sans rien voir et rien pénétrer ; à côté de la science qu'ils ignorent ; à côté du bonheur, car ils sont impuissants à jouir ardemment de rien... »

Notre cœur, lui, tombe dans le piège de la mondanité. André Mariolle et la froide Michèle de Burne (la dérision des noms n'est pas gratuite) connaissent une aventure convenue. Le roman s'ouvre sur le salon de l'héroïne. Elle appartient à cette race de femmes qui font le malheur des hommes et le bonheur des romantiques. Il y a du Paul Bourget dans cette première partie. Que de points communs entre *Notre cœur* de Maupassant et *Un cœur de femme* de Bourget. Amis, les deux écrivains se sont influencés réciproquement. Bien sûr, André Mariolle ne tarde pas à s'en prendre à l'entourage de Michèle de Burne qui l'empêche de lui consacrer tout son temps. En revanche la dernière partie où Mariolle s'est retiré près de Fontainebleau et soigne ses blessures auprès d'une jeune servante d'auberge, Élisabeth, éclate de force. Solitude du héros partagé entre la femme aimée qui ne cesse de le hanter et la sensuelle Élisabeth plus primaire et moins compliquée.

Un écrivain mondain aurait-il écrit l'œuvre de Maupassant qui s'est intéressé à toutes les classes de la société ? Bien sûr, fier de sa réussite, il est flatté superficiellement de jouer parmi les têtes couronnées. Au fond de lui, il reste un indéfectible pessimiste. Un lecteur de Schopenhauer : la vie est dans le mouvement, il faut se méfier des autres. Vivre et laisser vivre. Maupassant n'a aucune illusion sur le genre humain, riche ou pauvre. Il va dans le monde pour le déshabiller : mon cœur et mon cul mis à nu. Il ne s'attache pas. Il regarde, prend, dissèque. Le monde le renvoie à sa propre solitude, le condamne au travail.

Le feu

Au fond, les débauchés sont des pudiques. La sexualité de Maupassant reste un mystère. Noué sur lui-même, il racontait des blagues pornographiques, écrivait des vers, du théâtre érotiques, brouillait les pistes. Il se débraguettait la nuit, se corsetait le jour, n'a jamais rien lâché de ses sentiments. Sa connaissance des bas-fonds s'accompagna d'une pudeur de grand sensible

Chez Maupassant, le clandestin, le sexe chasse l'ennui. Cinq cents ou mille femmes, quelle importance ! Chiffrer l'acte sexuel, dresser le catalogue, voilà l'obscénité. Maupassant fut un écrivain hormonal. Sa vie si douloureuse, atroce se révèle, sur un autre versant, une longue caresse. Le style et le sexe participent de la même énergie. Après une journée de travail, l'amour ! Il prolonge l'écriture, l'éclaire, l'achève. Maupassant ressent la petite mort baudelairienne qui ouvre les yeux, rend plus vulnérable.

Les écrivains se distinguent en deux catégories : les hypersexuels et les abstinents. Débauche et ascèse alternant souvent en fonction du tempérament, des habitudes de travail. L'écriture de romans est un acte physique. Les grands bûcherons de la littérature, Balzac, Maupassant, Simenon, conjuguent appétence sexuelle et littéraire.

La Normandie, terre de son dépucelage, a marqué son tempérament sanguin. Sur la plage, il vit des baigneuses trop vêtues pour ne pas enflammer son imagination. Au contact des paysans, des marins pêcheurs, il a entendu parler du plaisir sans tabou.

Aurait-il vu à treize ans un valet de ferme culbuter la bonne de ses parents ? Cette scène lui aurait inspiré un poème « Églogue bien amoureuse » et le passage à l'acte avec une amie de son âge, Jeanne. Autre hypothèse : Maupassant aurait couché vers l'âge de dix-sept ou dix-huit ans avec la Belle Ernestine, aubergiste à Saint-Jouin-Bruneval, situé à huit kilomètres d'Étretat, qui en déniaisa plus d'un dans la région.

Enfin selon Gisèle d'Estoc, sa grande passion sensuelle, Guy aurait connu une déception d'adolescent : amoureux d'une jeune Parisienne, Fanny, rencontrée sur la plage, il lui aurait avoué sa flamme dans des poèmes. Un soir, il se rend chez elle, près des Verguies, et, dans le jardin, entend la jeune débutante lire ses textes à haute voix et les tourner en dérision. Blessure mortelle. Dans son attitude envers les femmes, la méfiance ne le quittera plus. Il ne s'abandonnera jamais facilement. Son thème astral le confirme : « Il est facilement blessé dans ses relations féminines et ne leur accorde pas aisément sa confiance. On ne sera pas étonné de savoir qu'en amour son comportement participe de la naïveté de l'adolescent et du soupçon de l'homme trompé. »

Maupassant héritera aussi l'appétence sexuelle de son père. Le taux d'hormones masculines dépend de l'héritage génétique. Dès l'âge de dix-sept ans, Maupassant fréquente les bordels : initiation de jeune homme. Après ses épreuves du baccalauréat passé à Caen, il aurait poussé les portes des maisons closes du quartier du Vaugueux, dans la vieille ville. Maupassant sera l'écrivain français défendant la putain, l'orphelin : « Le préjugé du déshonneur attaché à la prostitution, si violent et si vivace dans les villes, n'existe pas dans la campagne normande. Le paysan dit : "C'est un bon métier" ; — et il envoie son enfant tenir un harem de filles comme il l'enverrait diriger un pensionnat de demoiselles. »

Ses deux premières nouvelles publiées, *Boule de suif* et *La Maison Tellier* ont pour héroïne des prostituées. Maupassant a symboliquement choisi Fécamp où il passa une partie de son adolescence pour cadre de *La Maison Tellier*. Autrefois, il y avait bien un bordel, derrière la cathédrale Saint-Étienne. Maupassant l'a-t-il connu ? La fermeture temporaire de la Maison Tellier pour cause de communion provoque une émeute. Les principaux habitués, le marchand de bois, l'ancien maire, l'armateur, le précepteur, le fils du banquier et une bordée de marins trouvent porte close. La nouvelle met en scène un bordel classique : la belle blonde, la belle juive et la maîtresse qui gère sa maison comme une bonne commerçante. La Maison Tellier régule les mœurs, la température, l'ordre public.

Dans *L'Ami Patience*, le personnage principal a lancé sa prestigieuse maison close en vendant les charmes de sa femme et de sa belle-sœur. Parti de rien, il contemple sa réussite. Dans *Le Port* ou *L'Odyssée d'une fille*, Maupassant prouve sa familiarité des bas-fonds, sa compassion, sa reconnaissance. En voyage, il descend dans les bordels comme il couche à l'hôtel. La pornographie uniformise le monde. Mais une maison close à Alger est différente d'un bordel romain ou de la Maison Tellier.

À Paris, Maupassant a des adresses. Des officiers de la Royale m'ont fait découvrir l'une d'elles : Le Clos Saint-Honoré. Désormais un honorable restaurant situé à côté du 398, rue Saint-Honoré où vécut Robespierre. Sous la Révolution française, les condamnés à mort enfermés à la Conciergerie passaient par cette rue pour être guillotinés, place de Grève. Ce souvenir sanglant n'a sans doute pas déterminé l'installation d'un bordel. Marbre et fresques sur les murs, le visiteur a l'impression, dès l'entrée, de pénétrer dans un lupanar : XIXe à la crème, goût de cocotte. À l'étage, la salle de restaurant est aujourd'hui fréquentée par des membres de la Cour des comptes et l'état-major de la Marine. Forte concentration de Légions d'honneur. Autrefois, les salons particuliers se trouvaient au fond du restaurant. La décoration a changé mais il subsiste une atmosphère piquante. Les maisons closes ont des âmes fortes. Flaubert, Alfred Le Poittevin s'avouèrent aussi adeptes du bordel. Dans sa correspondance, Flaubert use d'une terminologie sexuelle. Dans ses grandes périodes d'abstinence, le cul reste un enjeu stylistique.

La IIIe République sera puritaine. Maupassant, homme du XVIIIe siècle, de l'ancien régime, lecteur de Sade et de l'abbé Prévost, aspire à une libération des femmes. Il retrouve le divin Marquis pour qui le sexe est une subversion, une émancipation.

Maupassant rejette les conventions bourgeoises. Son insoumission sera tout d'abord une dissidence sexuelle et sociale : refus du mariage, défense du divorce, expression sans frein des désirs naturels : « Étant donné que la loi humaine est destinée à contrarier nos instincts qui constituent la loi naturelle, il est bien juste qu'on laisse, entre les articles coercitifs, entre les textes rédigés pour réprimer nos gaietés, pour contraindre nos penchants, pour modérer nos goûts, pour restreindre nos libertés, quelques échappatoires de compensation ou de désolation. »

Guy de Maupassant aurait eu au moins trois enfants illégitimes. D'une liaison avec Joséphine Litzelmann, donneuse d'eau à Châtelguyon où il l'aurait rencontrée. Il n'existe aucune preuve de cette paternité clandestine. En 1903, le journal *L'Éclair* — et plus tard *L'Œuvre* — révélait l'existence de Lucien, né en 1883, de Lucienne, née en 1884 et de Marthe-Marguerite née en 1887.

Le prétendu fils aîné de Maupassant fut rédacteur principal aux écritures à la sous-préfecture de Sens et mourut en 1947. Il ressemblait, paraît-il, beaucoup à Guy de Maupassant. Dans sa biographie, Armand Lanoux s'est scrupuleusement penché sur cette question : « Lucien Litzelmann avait d'incontestables traits communs avec son père supposé, dans le dessin du visage, la répartition des proportions, le menton, le nez, l'implantation des cheveux, en plus bonhomme, plus souriant. »

Aussi répandue à l'époque que la syphilis, la bâtardise hante l'œuvre de Maupassant. Au total trente-deux contes, trois romans, *Pierre et Jean, Une vie, Mont-Oriol.* Avec une récurrence du thème à partir de 1883, année de la naissance de Lucien Litzelmann.

Ses préventions contre l'ordre des mœurs, son dégoût de l'enfantement, son pessimisme flauberto-schopenhauerien conduisent Maupassant à se couvrir de maîtresses. Gisèle d'Estoc est la femme de feu. Une biographie à scandale à elle seule. Cette Lorraine aux yeux verts, brune, au corps nerveux, aux hanches sculptées, fille de grands bourgeois, montée à Paris, s'appelle, selon l'état civil, Marie-Paule Desbarres née

Marie-Élise Courbe. Sous son nom de guerre et d'artiste, Gisèle d'Estoc peint, écrit, aime les femmes et les hommes. Mousquetaire des épidermes, admiratrice de Jeanne d'Arc, elle n'hésite pas à se battre en duel si sa réputation se trouve bafouée. Elle aurait attenté à la vie du poète Laurent Tailhade en posant dans un restaurant une bombe qui lui arracha la moitié de la figure. Maîtresse de la trapéziste et écuyère peinte par Manet, Emma Rouër, ses sens furent son horizon, son ambition. Ce n'est pas une nymphomane toujours insatisfaite mais une charnelle. « L'amour ? écrira-t-elle à l'un de ses soupirants. Je n'y crois pas... C'est une folie dangereuse. Tout passe, tout lasse, tout casse. Voilà ma devise et j'y suis fidèle depuis toujours... Le sentiment, voyez-vous, ne m'a jamais intéressé. Je préfère les aventures compliquées, mes vices sont tellement odieux qu'ils dépassent de beaucoup la possibilité du pardon. »

Quand il fait sa connaissance, Maupassant a un peu plus de trente ans et Gisèle, dix-sept. Elle lui écrit pour lui dire son admiration. Elle veut mieux connaître cet homme à femmes. L'allumeuse s'enflamme. Ils vont échanger des lettres (certaines de Maupassant ont été falsifiées par Gisèle) puis leurs corps. Complices jusqu'au feu de l'enfer. Cette relation permet d'entrevoir la sensualité de Maupassant[1] : « Je suis le plus désillusionnant et le plus désillusionné des hommes ; le moins sentimental et le moins poétique. Je range l'amour parmi les religions, et les religions parmi les plus grandes bêtises où soit tombée l'humanité. » Maupassant se définit comme un

---

1. La nature de la liaison entre Maupassant et Gisèle d'Estoc a été controversée. En 1939, Pierre Borel a publié *Le Cahier d'Amour* de Gisèle d'Estoc qui contient des extraits des lettres de Maupassant. L'authenticité de ce document a notamment été contestée par André Vial, l'auteur de *Guy de Maupassant et l'art du roman*.

homme d'instincts aimant les femmes : « j'obéis à une loi de mon corps, à une loi qui gouverne aussi les bêtes : mais je suis un être supérieur à ces bêtes, au lieu de faire simplement comme elles, je cherche, j'imagine, je perfectionne tous les raffinements sensuels ».

Il affirmera aussi que la mélancolie de la terre ne l'attriste jamais. Il en est le sismographe, le solitaire : « Oui, je suis faune et je le suis de la tête aux pieds... j'aime la chair des femmes, de même amour que j'aime l'herbe, les rivières, la mer. »

Gisèle et Guy vont s'aimer sur un mode très XVIIIe siècle pour conjurer le XIXe. L'un des grands jeux favoris de Guy consiste à travestir Gisèle, organiser un dîner mondain, et pousser d'autres femmes très convenables dans leur lit. Elle triomphe dans le saphisme, le plaisir clandestin.

À sa demande, après avoir soudoyé une maîtresse de bordel des bords de Seine, Gisèle se glisse dans la peau d'une prostituée, Maupassant dans celle du client inconnu. En haut de l'escalier, l'extase. À Gisèle, Maupassant dédiera son poème « Désirs de faune » : « À celle qui m'a révélé l'amour ». Mais aux phases d'excitation sexuelle, succèdent l'abattement, l'ennui, symptômes de la syphilis qui érode Guy. Son regard se vide : « Ah ! si je pouvais réduire en moi l'homme inquiet, malheureux, qui doute de tout ; si je pouvais oublier le dépaysement cruel, cette inaptitude au bonheur. »

Il n'y a pas d'apogée des corps sans raffinement, sans grandeur métaphysique. Maupassant et Gisèle d'Estoc se croient primitifs, pansensuels, « d'un monde d'avant l'âme et d'avant la société. Nous sommes de la même race maudite des perpétuels errants de l'amour ». Pour Guy la femme est une apparition maritime, une créature aquatique. Il fait souvent ce rêve éveillé rapporté par Gisèle : il est couché sur le dos, dans le sable, au bord de la mer. Soudain, il se sent glisser, glisser. À ce moment, une vague le recouvre, puis une autre, encore une autre. Il sent qu'il s'en va vers des abîmes insondables : « au-dessus de moi la lumière est bleue, d'un bleu laiteux, strié d'or ». Il voudrait mourir ainsi. Cette image contient le mystère Maupassant : son désir de fusion avec la mer. Marin volant, ce terrien a besoin de s'éclipser. Aucune amarre ne peut le retenir. *Anywhere out of the world.*

Fidèle à son œuvre, Guy est insaisissable. Gisèle veut le posséder. Elle lui fera des scènes, le traitera de lâche, l'accusera de lui avoir volé une lettre. Il lui rendra ses objets. Rupture. Toute sa vie, il restera hanté par cette femme, son double sensuel. Parfois, il reviendra dans leur chambre qu'ils avaient louée à Bezons. Selon Léon Fontaine, l'un des amis de jeunesse de Maupassant, Gisèle avait envoûté Guy et accéléré sa déchéance. Sans doute l'éloigna-t-elle de la bande du canotage : la passion est exclusive. Gisèle n'a pas assassiné Maupassant. Cette pétroleuse avait mis le feu à l'eau.

Enfin, quand il fut interné dans la clinique du docteur Blanche, elle essaya de le revoir une dernière fois. Elle voulait l'installer dans une petite maison de la banlieue de Paris. « Je suis sûre que lui ne m'aurait pas laissée mourir toute seule dans une maison de fous. » Mais Laure de Maupassant a passé des consignes draconniennes : aucune femme n'approchera son fils. Gisèle tire la cloche de la clinique. Non, elle ne peut pas voir Guy. D'ailleurs, il ne reconnaît plus personne. « Je m'en allai, la mort dans l'âme. Au moment où je repassais dans l'allée, le soleil oblique dorait les cimes des grands arbres. C'était l'heure émouvante d'avant le soir, cette heure où tant de fois j'avais été bouleversée par la tristesse subite de mon amant. »

Toutes les grandes liaisons de Maupassant n'eurent pas ce flamboiement charnel. À chaque fois, il y eut accrochées aux robes longues de ces femmes, marquises divines ou duchesses de l'amour, des milliers de lettres qui auraient pu former une queue de paon en papier. Quand il reçut une lettre d'une inconnue signée Miss Hastings, il ne se doutait pas que se dissimulait une artiste promise à une mort précoce, Marie Bashkirtseff, qui sera célèbre pour son *Journal* posthume. Elle habite Nice, Maupassant vient sur la Côte d'Azur en villégiature mais il ne la connaît pas, ne la rencontrera jamais : Marie jouera le rôle du confesseur ou du thérapeute. Au début, elle veut éprouver cet homme qu'elle admire et préparer sa propre carrière artistique. Maupassant s'interroge : ne s'agit-il pas d'un traquenard, d'une mauvaise plaisanterie? Dès son premier envoi, il affirme avoir reçu en deux ans cinquante ou soixante lettres d'inconnues : « comment choisir entre ces femmes la confidente de mon âme, comme vous dites ». Il lui avoue très vite son ennui de la vie : « Je n'ai pas pour un sou de poésie. Je prends tout avec indifférence et je passe les deux tiers de mon temps à m'ennuyer profondément. J'occupe le troisième tiers à écrire des lignes que je vends le plus cher possible en me désolant d'être obligé de faire ce métier abominable qui m'a valu l'honneur d'être distingué — moralement — par vous. »

Il reconnaît aussi sa gourmandise, avoue ses goûts : « Je préfère, en réalité, une jolie femme à tous les arts. — Je mets un bon dîner, un vrai dîner — le dîner rare — presque sur le même rang qu'une jolie femme. » Dans cette même lettre, il confie aussi ne plus boire du tout — sans doute à cause de ses traitements — et, plus tard, ne pas fumer. Or Maupassant a beaucoup fumé et bu dans sa jeunesse de canotier. Dans cette correspondance longue de quelques mois, qui s'achèvera par une rupture, Maupassant apparaît en chasseur de passions, superbe indifférent. Rien ne le touche. Il se montre fidèle avec les femmes quand elles ont quitté sa vie. Il s'attache à leur souvenir, se laisse habiter par leur fantôme. Après la mort de Marie, il ira se recueillir au cimetière de Passy, devant son mausolée abracadabrant. Hommage d'un feu follet à une comète.

Comme tous les grands solitaires, Maupassant ressent le besoin de vivre parmi les femmes. Il ne couche pas systématiquement avec elles. Qu'en fut-il avec la comtesse Emmanuela Potocka, excentrique au charme absolu, qui ne portait jamais de décolleté, seulement une cravate de gaze ou un rang de perles ? Jacques-Émile Blanche lui trouve la « poitrine plate sur une taille épaisse, le corps court et hommasse ». Ce ne sont jamais les grandes beautés qui ensorcellent les hommes mais les fêlées, les sensuelles, les vivantes : « la plus célèbre, la plus adulée, la plus sensationnelle de ces sirènes, la comtesse Potocka, est polonaise, écrivait Paul Morand. Celle-là était le type même de l'élégance cosmopolite ».

Son nom de jeune fille promettait déjà de faire chavirer les hommes les plus cérébraux : princesse Emmanuela Pignatelli di Cergharia. Elle épousa le comte Potocki, riche, débauché qui la trompait avec Émilienne d'Alençon. Était-elle frigide, repoussant les courtisans qui l'approchaient ? Froideur contrebalancée par une excentricité ravageuse. Guerlain avait créé pour elle un parfum : Shaw's caprice. Maupassant en fut mordu, prêta plus d'un trait de son caractère à ses personnages féminins notamment dans *Notre cœur* (la duchesse de Frémines) ou dans *L'Âme étrangère*. Il l'emmena à bord du *Bel-Ami*. Pierre Borel rapporte un épisode plein de promesses : un après-midi de septembre, le bateau mouille aux îles de Lérins, entre Antibes et Cannes. Maupassant et la comtesse Potocka empruntent le youyou pour aller sur l'île Sainte-Marguerite. Une fois à terre, la comtesse Potocka disparaît. Elle décide de faire une surprise à son compagnon : il la retrouvera nue se baignant dans l'eau verte et dorée d'une grotte. Maupassant lui écrira le lendemain : « je tiens encore ton ombre chaude dans mes bras ! » Le reste du temps, il se prétendra « son époux honoraire ».

La fin de la Potocka illustre la férocité du Paris mondain. Divorcée du comte en 1901, son étoile va décliner. Elle avait été trop solaire pour ne pas connaître les ténèbres. Retirée à Auteuil, elle mourra en 1943, oubliée de tous, ruinée. Son cadavre fut découvert rongé par les rats, non loin de la maison de santé du docteur Blanche où Maupassant ferma les yeux. On imagine l'hiver sous l'Occupation, un Paris fantomatique et alors, par contraste, il faut se souvenir de la lumière de l'île Sainte-Marguerite.

Décidément, Maupassant aima les belles étrangères. Quelque chose l'excite dans l'exotisme, l'exagération des Italiennes ou des Slaves. Marie Kann qui avait des racines russes fut longtemps la maîtresse de Paul Bourget avant de se jeter dans les bras plus musclés de Maupassant. Bourget lui en a-t-il tenu rancune ?

Marie Kann tenait salon au 118, rue de Grenelle, dans l'hôtel du maréchal de Villars. Maîtresse officielle de Maupassant, un tableau de Bonnat, le peintre des mondaines, la représente en femme altière. Goncourt la décrit « nonchalamment assise... avec ses grands yeux cernés, tout pleins de la langueur des brunes, son teint de rose thé, son noir grain de beauté sur une pommette, sa bouche aux retroussis moqueurs, son décolletage à la blancheur d'une gorge de lymphatique, ses gestes paresseux brisés et dans lesquels monte, par moments, une fièvre. Cette femme a un charme à la fois mourant et ironique tout à fait singulier et auquel se mêle la séduction particulière des Russes : la perversité intellectuelle des yeux et le gazouillement ingénu de la voix... »

Coquette, séductrice en diable, elle a inspiré le personnage de Michèle de Burne dans *Notre cœur*. Elle affirmait avoir reçu de Maupassant plus de deux mille cinq cents lettres qu'elle a toutes brûlées. Dans *Fort comme la mort*, Maupassant confie à son héros la tristesse qui le prend parfois de ne pas être marié. Les grands désespérés sont couverts de femmes. Impossible de concevoir Maupassant en mari convenable. Les femmes qu'il connut dans les salons ne l'ont pas rendu heureux. L'écriture, la Normandie restent ses ports d'attache. D'ailleurs une femme l'attend à Étretat...

Dernier raout à Étretat

Aujourd'hui, je déjeune chez Guy de Maupassant, à Étretat. Matin d'été. Bonheur de rouler sur les départementales. Je passe par Les Ifs, l'ancienne gare d'embranchement où il descendait du train de Paris. Quand il partait à huit heures de Saint-Lazare, il arrivait à onze heures en Normandie. L'horloge est définitivement arrêtée sur quatre heures trente. La gare désaffectée. Figée sur les rails, recouverts d'herbes folles, une voiture bleue de la Compagnie internationale des Wagons Lits. Majesté défunte. Maupassant aimait cette gare bordée d'un parc, d'un château.

Quinze kilomètres séparent Les Ifs d'Étretat. Une voiture à cheval de location vient le chercher. Un coupé en mauvais état. Pas moyen d'en avoir un autre. François Tassart, son valet, se plaint de glisser dans les descentes sur le siège de moleskine. Maupassant allonge ses jambes comme un fumeur de cigares. Il attend la mer. Sur la route de Criquetot, il s'écrie : « Comme elle est belle ! quelle teinte superbe ! elle est violette. » Retour sur ses terres. Il connaît tout le monde : M. Lecœur, le pâtissier, M. Vimont, le boucher. Il salue les habitants par leur prénom. La cuisinière, Désirée, et le jardinier, Cramoyson, ont préparé la villa. Sa mère lui a offert le terrain du Grand-Val sur lequel il a fait construire en 1883 un chalet. Il a d'abord voulu le baptiser *La Maison Tellier*. Mais une de ses amies d'Étretat, Hermine Lecomte du Noüy s'est offusquée à l'idée de donner un nom de bordel à cette villégiature. Elle a suggéré de l'appeler *La Guillette*, le féminin de Guy. De toutes les maisons où vécut Maupassant, c'est la plus intacte, la plus vivante.

Je traverse le jardin, m'approche de la porte d'entrée. D'une pièce du rez-de-chaussée, s'élève un morceau de musique française en harmonie avec la matinée d'été. J'y vois un signe de bienvenue. Je frappe. Une femme blonde aux cheveux courts et aux yeux bleus ouvre.

— C'est vous qui jouez au piano ?
— Oui, je répète un concert.
— Cette note claire...
— Une sonate de César Franck.
— C'est étonnant ! Il est enterré à côté de Maupassant au cimetière du Montparnasse.

Arrière-petite-fille d'Henri Vieuxtemps, le violoniste et compositeur d'origine belge, Jeannine Vieuxtemps a longtemps été professeur au conservatoire de Marseille. Dans son regard elle a conservé la lumière du Sud. Elle a hérité de Miss Mitchell, une cousine, femme d'un journaliste du *Herald Tribune*, La Guillette : maison en crépi crème et briques, à l'allure de chalet sudiste ou basque. De normand, il n'a que les tuiles de son toit. Volets verts et grand balcon au premier étage.

— Commençons par le jardin, me propose Jeannine Vieuxtemps.

Les fraisiers dont Maupassant cueillait les fruits ont disparu mais subsistent des rosiers, un frêne, des sycomores, des tamaris, des fougères, une exubérance végétale. Dans certains recoins les feuilles des arbres forment des voûtes ombragées sous lesquelles il aimait se promener.

— Le bassin des poissons rouges a été comblé, reprend la maîtresse des lieux, mais regardez son pourtour de pierre est niché dans les herbes.

— J'imagine que c'est au fond du jardin qu'il tirait au pistolet?

— Maupassant tirait au pistolet?

— Oui, chaque matin quand il était à La Guillette!

Quarante à cinquante balles par jour, raconte son valet de chambre qui lui fabrique ses balles avec du plomb. Maupassant passe beaucoup de temps dans son jardin où il élève tortues, poules et un coq à l'œil si fier, à la crête si rouge qu'il rêverait de le peindre.

— Et voilà la fameuse caloge! lance Jeannine Vieuxtemps.

Elle servait de logement à son valet de chambre, François Tassart. « Elle me sembla étrange, rapporte-t-il dans ses souvenirs, je ne m'étais jamais figuré qu'on pouvait employer les vieux bateaux pour en faire des habitations ; cependant on n'y était pas mal. »

Posée sur deux piliers de briques, derrière la maison, la caloge n'a pas bougé. Cette ancienne barque ventrue de pêcheurs, baptisée les *Deux-Amis* et immatriculée à Fécamp, a été percée sur le côté bâbord d'une double porte-fenêtre et surmontée d'un toit d'ardoises. À l'origine, elle servait de salle de bains puis fut transformée en chambre à coucher : « Je contemple ma chambre, poursuit François, qui me fait l'effet d'un énorme cercueil retapé à neuf pour le grand voyage. J'en fais l'inventaire : un lit en fer, une armoire, deux petites banquettes fixes, à tribord et à bâbord ; une planche faisant tablette et portant une cuvette ; en face, un hublot ; près de la tête du lit un clou pour accrocher sa montre, et c'est tout. »

— C'est incroyable ! Les banquettes, la tablette sont encore là !

— La caloge a traversé les âges sans dégâts, remarque Jeannine Vieuxtemps. Quand j'étais petite-fille, elle était dans cet état.

Au fond, un placard vitré, réalisé par un ébéniste d'Étretat. Sur le sol s'entassent des objets pêle-mêle : un matelas, des skis en bois, un fauteuil, de magnifiques valises anciennes en cuir.

— Vous pensez qu'elles ont appartenu à Maupassant ?

— Je ne crois pas, répond mon hôtesse.

Y aurait-il une valise de Maupassant comme il y eut une malle de Pessoa bourrée de manuscrits inédits, de fragments à profusion ?

Au mur, une vieille carte de la Seine-Inférieure et une mappemonde sur laquelle a été retracé le voyage d'un paquebot, le *M.S Lysistrata* de la compagnie East Indies Voyages, qui fit escale à Cannes, Naples, Palerme, habitées par Maupassant et Port-Saïd, Suez, Aden, où se brûla l'un de ses contemporains, Arthur Rimbaud. « Ils sont nés et ils sont morts à peu près en même temps, a écrit Bernard Frank dans l'une de ses chroniques. Deux Nordiques. Deux marcheurs. Ils en ont fait des kilomètres, ces deux-là, et dans le désert tous les deux. Deux costauds. Et tous les deux ils ont pensé mettre un petit paquet de côté. Ils ont rêvé de l'argent ; à se retirer, peinards, l'un sur son yacht, l'autre dans ses Ardennes avec la *mother* et ses sœurs. »

Les deux amis de la caloge sont donc Rimbaud et Maupassant. Nous reprenons le chemin de la villa.

— La Guillette a été réquisitionnée par les Allemands pendant la guerre.
— Ils devaient ignorer que c'était la propriété d'un écrivain célèbre qui avait combattu leurs pères ?
À l'intérieur, le fantôme de Maupassant se reflète dans les miroirs. Au rez-de-chaussée, à gauche, son bureau. Sur deux panneaux de porte, des scènes champêtres signées Louis Le Poittevin, le peintre, son cousin. Un feu de broussailles et un vol de corbeaux. Scènes colorées, réalistes, émouvantes. Un piano à queue, des bibliothèques qui courent sur les murs, deux vitrines ; et un tableau de bateau dans la nuit.
— C'est ici qu'il travaillait.
— Il lui arrivait aussi de rester au lit pour écrire, dis-je en pensant à cette volupté de chat.
Le hall d'entrée dessert la salle à manger et l'étage. Les tomettes, les portes en bois vernis donnent à l'ensemble un aspect rustique. « Mes portes sont toujours ouvertes. » : la devise de La Guillette.
Au milieu de la cage d'escalier un vitrail de Camille Oudinot : une ronde d'enfants. Dans le couloir du premier étage dont le plafond est légèrement en soupente, on plonge dans la coursive d'un ketch. Tout semble en bois d'acajou. Les trois chambres donnent sur le balcon et le jardin. Ameublement désuet, celui des maisons de famille de nos grands-parents.
Autour de la cheminée de la chambre de Maupassant, des masques japonais. À son époque la décoration de la pièce s'affirmait déjà asiatique. Au-dessus, une grande glace nue.
— Ma cousine a enlevé le précédent miroir. Elle avait l'impression d'y voir le reflet de Maupassant.
— Enlever ? Vous voulez dire briser ?
— Je ne sais pas. Elle s'en est débarrassée.

— Elle ne l'aimait pas beaucoup, je crois.
— Elle le prenait pour un débauché.
— Et vous ? Vous le jugez comment ?
— Il m'intéresse beaucoup.

Jeannine Vieuxtemps est une femme vivante. Elle voyage, revient d'Iran, s'intéresse à la psychanalyse, aux écrivains. Elle partage sa vie entre Paris et Étretat. Nous déjeunons dans la salle à manger. Atmosphère chaleureuse d'une maison plus campagnarde que balnéaire : fauteuil de cuir rouge, canapés. Il y a toujours la magnifique cheminée de faïence au fond or et vert et ses deux fontaines sculptées par Jean Goujon.

Nous sommes assis à table, devant une grande fenêtre ouverte sur le jardin.

— Vous vous rendez compte, dis-je, Maupassant a embrassé le même point de vue que nous. Ce morceau de jardin paraît presque tropical. On n'a pas le sentiment de se trouver en Normandie.

— Vous l'aimez cette maison ? me demande Jeannine Vieuxtemps en éclatant de rire.

— Je l'adore ! Mais dites-moi, quelle impression cela fait de vivre dans la maison de Maupassant ? Vous n'avez jamais ressenti des phénomènes étranges, des apparitions, un dédoublement de personnalité.

— Je me souviens que la lumière s'allumait parfois la nuit sans raison.

— Vous savez que Maupassant se piquait de produire des étincelles en passant dans ses cheveux un peigne métallique. Moi, je sens qu'il est là. En tout cas, si son fantôme a choisi une maison, c'est La Guillette. Il s'en est passé des choses ici. Elle en a vu défiler des femmes.

— J'imagine. C'est vrai l'histoire du perroquet ?

— Bien sûr! Il s'appelait Jacquot. Maupassant lui avait appris à dire : « Bonjour, petite cochonne! » Vous imaginez la réaction des femmes quand elles entraient. On comprend pourquoi il voulait baptiser sa villa « la Maison Tellier ».

Jeannine Vieuxtemps m'interroge sur Maupassant, enchantée par son anticonformisme. Dès le printemps, il arrive à Étretat. Il y passe l'été. À l'arrière-saison, direction la Côte d'Azur. L'hiver, Paris ou l'Algérie. Ce fractionnement du temps et des lieux lui permet d'échapper à la mélancolie. Ces grandes parenthèses correspondent à la rédaction d'un roman ou de nouvelles. Quand il a un sujet en tête, il le rumine, dresse un plan de bataille. Et d'une foulée, il écrit. Aucunes affres : du plaisir, du rendement, de l'honnêteté.

Pendant l'été 1887, à Étretat, il travaille à *Pierre et Jean*. Il le fera précéder d'une étude sur le roman, réponse à la critique rivée à ses goûts et ses couleurs où il renvoie dos à dos les tenants du réalisme et de la psychologie : « Faire vrai consiste donc à donner l'illusion complète du vrai, suivant la logique ordinaire des faits, et non à les transcrire servilement dans le pêle-mêle de leur succession.

« J'en conclus que les Réalistes de talent devraient s'appeler plutôt des Illusionnistes.

« Quel enfantillage, d'ailleurs, de croire à la réalité puisque nous portons chacun la nôtre dans notre pensée et dans nos organes. »

Maupassant se rappelle les leçons de Flaubert et de Bouilhet : le travail, le style. Après *Une vie*, *Pierre et Jean* s'avère le plus normand de ses romans. Il se passe au Havre. La mer, les bateaux, la pêche, le voyage irriguent les pages.

Les Roland, anciens bijoutiers à Paris, se sont retirés avec leurs deux fils. L'aîné, Pierre, cheveux noirs, caractère instable, s'apprête à devenir médecin. Le cadet, Jean, qui a cinq ans de moins, doux et blond, vient de réussir sa licence de droit. Ils se préparent à entrer dans la vie et se disputent les faveurs d'une jeune veuve de capitaine au long cours, Mme Rosémilly, « une maîtresse femme qui connaissait l'existence d'instinct, comme un animal libre... ». Un soir, le notaire leur annonce que l'ami parisien de la famille, Léon Maréchal, vient de mourir. Il laisse à Jean, son légataire universel, une rente de vingt mille francs. Mais Pierre va soupçonner sa mère d'avoir été la maîtresse de Maréchal : Jean serait son fils naturel. Mme Roland finit par avouer la vérité à ses deux fils. Pierre partira comme médecin à bord du paquebot la *Lorraine*.

Le roman commence sur la mer, la famille Roland est en train de pêcher près des rochers de la Hève et se termine quand la *Lorraine* n'est plus qu'un point sur l'horizon. Flux et reflux de la haine fraternelle. Mme Roland a raté sa vie en restant avec son mari. Son vrai bonheur fut de le tromper : « C'est vilain, la vie! Si on y trouve une fois un peu de douceur, on est coupable de s'y abandonner et on le paye bien cher plus tard. »

Pierre et Jean est aussi une promenade dans Le Havre de la Belle Époque. La rue de Paris existe toujours mais la ville a été entièrement détruite à la Libération. Le café Tortoni — ce nom célèbre s'exporta jusqu'à Buenos Aires — a disparu. Du côté des hauteurs de Saint-Adresse et de ses villas, on retrouve un peu Le Havre de Maupassant. Jamais dans un roman il n'avait poussé l'ancrage maritime aussi loin. Comme si le mouvement des navires, la mélancolie des paquebots, le rythme de la marée opposaient leur calme régularité aux déchirements de la vie.

Le roman nous emmène dans la campagne maritime entre Le Havre et Fécamp. Et notamment à Saint-Jouin, à l'Auberge de la Belle Ernestine, appelée ici la Belle Augustine, qui aurait dépucelé Maupassant : « Sous une tente au bord de l'herbage ombragé de pommiers, des étrangers déjeunaient déjà, des Parisiens venus d'Étretat ; et on entendait dans l'intérieur de la maison des voix, des rires et des bruits de vaisselle.

« On dut manger dans une chambre, toutes les salles étant pleines. Soudain Roland aperçut contre la muraille des filets à salicoques.

"Ah ! ah ! cria-t-il, on pêche du bouquet ici ?" »

En Normandie, au moment des grandes marées, la pêche du bouquet est un rite incontournable. La tradition se perpétue à travers les âges. Les bons rochers où il se niche se transmettent de génération en génération. Avant l'aube, des armées de pousseux, ces filets à crevettes, descendent vers les plages. Au pied des falaises et des phares de la côte, le lever de soleil rend le ciel marin orangé.

L'Auberge de la Belle Ernestine à Saint-Jouin est devenue une maison particulière. Une plaque a été posée sur la grille d'entrée : *Auberge de la Belle Ernestine 1870-1914*.

Pour retrouver un peu de cette atmosphère, on peut déjeuner, non loin, à Gonneville-la-Mallet, à l'Hostellerie des Vieux Plats tenue par sa petite nièce, Lucette Aubourg : « On loge à pied, à cheval et à vélocipède. » Ouverte par Edmond Aubourg qui lui donna ce nom à cause de sa passion des faïences qui ornent la façade et l'intérieur, elle a accueilli plus de personnalités que le Bottin mondain : Victor Hugo, Wagner, Gide, Félix Faure, Chabrier, Reynaldo Hahn, Liane de Pougy, Jules Massenet, Monet, une grande partie du personnel politique de la IIIe République et bien sûr Guy de Maupassant. Sa signature figure sur le livre d'or. La maison avait appartenu autrefois à un capitaine négrier et, dans l'une des chambres, trône une tête de nègre momifiée.

Mercredi, jour de marché. Sur la place, sous la halle, les paysans en blouse vendent lait, volaille, confitures de la ferme. À l'Hostellerie des Vieux Plats, les clients jouent aux dominos à l'ancienne mode, en frappant du poing sur la table. On y parle cauchois dans la salle aux carrelages blancs et rouges, immuable depuis sa création. Les chaises, les tables de bois brut, les verres à fine, le comptoir au bout de la salle où règne Lucette Aubourg sont des antiquités vénérables. Au fond de la salle de café, des panneaux peints. Un portrait du grand-père, Edmond Aubourg des militaires pendant la guerre de 1870, une vue de Venise, une marine signée Isabey. Monet avait offert à la mère de Lucette Aubourg deux panneaux représentant l'aiguille d'Étretat et la porte d'Amont, malheureusement vendus dans une succession, avant la dernière guerre.

Lucette Aubourg a connu Monet. À quatre-vingt-trois ans, demoiselle élégante, elle porte un collier de perles sur un pull blanc. Elle aurait voulu jouer au théâtre et chante encore des airs d'opéra. Elle se dit « *vieille France* » et prépare une cuisine comme au temps de Maupassant.

Je me suis toujours demandé quels étaient ses goûts culinaires. Il ne mangeait pas de carottes, de choux, d'oseille, d'épinards. Il aimait le gibier, les omelettes aux champignons, les haricots, les flageolets, les petits pois, la salade cuite à la crème fraîche qui est le sel de la gastronomie normande. Elle épaissit le sang. Lucette Aubourg sert des coquilles Saint-Jacques à la crème après une robuste galantine de poulet. Sans doute Maupassant fut-il un gros mangeur de volailles, de gibiers, de poissons aussi. Mais la maladie, la succession de traitements l'obligèrent à adopter une diététique plus sévère. On ne lui connaît pas une passion pour le vin de Bordeaux ou de Bourgogne mais sa fidélité au champagne se révéla indéfectible. Aimait-il le nez délicat de pain grillé du cristal de Roederer, la pureté d'un Pommery, les bulles du Mumm qui s'élevaient dans sa flûte comme des montgolfières ? Quand il travaillait, il semblait ascétique, ne prenant même pas le matin un café au lait qu'il jugeait une boisson féminine. Il avait un faible pour les gâteaux de la pâtisserie Lecœur : avec sa crème d'amande et d'oranger, la Marguerite lui rappelait peut-être les saveurs d'Alger.

À Étretat, Maupassant mange les produits de sa chasse. Il est trop animal lui-même, entre le taureau et le sanglier — pour ne pas se fondre dans la nature. Il pratique la chasse à l'arrêt, parfois en compagnie de son cousin Germer d'Harnois de Blangues qui habite le château de Bornambusc, achète un épagneul de Pont-Audemer, Paff, un croisé de water-spaniel et d'épagneul français. Maupassant possède aussi des petits bassets, tue la bécasse, si délicate à prendre, la caille qu'il ne faut pas poursuivre trop tôt le matin, la perdrix et le lapin.

La chasse aiguise ses sens d'écrivain. Ses narines s'ouvrent au vent. Il vit au grand air, travaille parfois dans le jardin. Il redevient un enfant impatient quand il s'agit de jouer aux boules — sans doute est-ce la boule cauchoise — et au criquet. Par un trou de la haie, il guette l'arrivée d'amies en villégiature à Étretat. Comme la blonde et dorée Hermine Lecomte du Noüy, la sœur de Camille Oudinot, qui habite une villa tandis que son mari, architecte, travaille pour les rois de Roumanie. Autant dire qu'elle s'occupe de Maupassant. Cette sœur d'esprit de Guy, sa conseillère, sa plus sûre amie reprendra à Paris son appartement de la rue Montchanin. Quand il perdra la vue, elle lui fera la lecture. Après sa mort, elle écrira un roman épistolaire, *Amitié amoureuse*, qui la met en scène aux côtés de Maupassant. Ce titre éclaire la nature de leur relation. Amie, maîtresse, confidente, Hermine ne se sépara jamais de son mari, eut un enfant de lui, Pierre, biologiste qui s'expatria aux États-Unis.

La Guillette fut un piège à femmes. De nombreuses inconnues rendent visite, en secret, à Maupassant et couchent chez lui. François Tassart parle d'une jeune Américaine, auteur de plusieurs romans, d'une ancienne maîtresse de Napoléon III, d'égéries qui viennent dîner presque chaque soir.

Et puis il y a ce dernier raout, le 18 août 1889. Toutes les chambres d'hôtel sont retenues. Un yacht, le *Bull-Dog*, mouille devant Étretat. Des chaloupes sont mises à la mer, débarquent les invités sur les galets. Dans le jardin, tout le monde danse. Maupassant tient, selon Tassart, « une dame dans chaque main ». Il s'en donne « à cœur joie », se trémousse. Les femmes éclatent de rire. Des musiciens jouent sur des tonneaux. Au premier étage de La Guillette, dans le couloir qui ressemble à une coursive de ketch, est reconstitué « le crime de Montmartre » : un sergent de ville pend sa femme par les pieds, dissèque son ventre « voulant voir des choses qu'il ne comprenait pas ». Le fait divers se finit par l'arrestation du criminel et un incendie volontaire dans le jardin où de faux pompiers arrosent l'assistance de leurs lances. Les bouchons de champagne sautent, Hermine Lecomte du Noüy préside le buffet. Une chiromancienne prédit l'avenir, une loterie distribue comme cadeaux des coqs virils et des poules caquetantes. Il fait chaud. Une légère transpiration perle au front des femmes. Elles s'abandonnent. Autour des haies, près de quinze cents badauds tentent d'apercevoir la brillante assistance. Le soir, un dîner est servi. Et après, que se passe-t-il ? Une soirée mondaine ou une orgie ? Le lendemain, ravi, Maupassant rêve d'une plus grande maison, parfaitement close, pouvant accueillir encore plus d'invités. Dernière grande fiesta à Étretat.

Jeannine Vieuxtemps me raccompagne jusqu'au portail.

— Vous ne souffrez pas trop des visiteurs, l'été ?

— Les gens entrent parfois dans le jardin. Et s'étonnent qu'ils ne puissent pas visiter la maison. Je redoute surtout les groupes de touristes.

— Le 11 août, jour de l'éclipse, vous serez là ?

— Oui, avec des amis. Vous voulez venir ?

— Pourquoi pas ! Tout à l'heure sur le balcon de la chambre, j'imaginais Maupassant dans un transat avec des lunettes fumées, un peu comme un portrait de Warhol dans un décor de Monet. L'éclipse, cette rencontre de la lune et du soleil, c'est un peu Maupassant. Il adorait l'astronomie comme toutes les autres sciences. Je suis sûr que ce phénomène l'aurait passionné.

— Revenez quand vous voulez.

Les couleurs d'Antibes

Ce pourrait être un tableau de Bonnard, *Fenêtre ouverte sur la mer*. Le grand bleu, partout, qui rayonne, inonde le paysage. Quand il n'est pas en Algérie ou à Étretat, Maupassant navigue, chauffe sa carcasse de Normand au soleil de la Côte d'Azur. Dernier feu d'artifice avant la mort. Il se fond dans les couleurs d'Antibes : « J'étais assis sur le môle du petit port d'Obernon près du hameau de la Salis, pour regarder Antibes au soleil couchant. Je n'avais jamais rien vu d'aussi surprenant et d'aussi beau... »

Avion Paris-Nice : je regrette de ne pas avoir pris le Train Bleu et roulé de nuit dans un wagon-lit. Bonheur cependant de survoler le massif enneigé de l'Esterel, la Méditerranée sous un soleil impérial.

À l'aéroport m'attend Pierre Joannon, historien, consul d'Irlande à Antibes, ami des peintres et des écrivains. Il a écrit un petit livre sur Maupassant et la Riviera. C'est l'hiver. Un peu avant Noël. Nous roulons à bord d'une voiture anglaise. Atmosphère basse saison.

Antibes reste un lieu *high life* (selon une expression de Maupassant) de la Côte d'Azur. Son fort à la Vauban, la baie des Anges dans le lointain, la chaîne des Alpes, la frontière italienne comme une promesse à l'horizon, et le cap dominé par le phare de la Garoupe. La voiture s'arrête Chemin des Sables.

Aujourd'hui encore, on peut dormir dans la chambre de Maupassant. La villa Le Bosquet appartient toujours à la famille qui la lui loua à la fin de l'année 1885. Bastide du XVIIIe siècle, noble et massive, rose pâle, aux volets pistache. Les trois villas qu'il habitera sur la Côte d'Azur déclinent les mêmes couleurs.

Au temps de Maupassant, le propriétaire de la villa s'appelait Maurice Muterse. Ancien capitaine au long cours, il toucha Rio de Janeiro et termina sa carrière comme sous-préfet de Grasse.

Jean-Nicolas Aussel, son petit-fils, nous reçoit. Homme élégant, affable, aux cheveux gris et noirs, il parle de sa maison de famille avec ferveur. Tour du propriétaire.

— Vous voyez, Maupassant s'asseyait dans le jardin sur le banc, à côté de la porte d'entrée. Il visitait souvent la serre qui a disparu et se trouvait à l'emplacement de mon actuelle maison.

— Votre famille s'intéressait aux fleurs ?

— Beaucoup ! Moi-même j'ai été horticulteur avant de me reconvertir dans l'immobilier. Maintenant je suis à la retraite.

Je lui fais remarquer qu'Hervé, le frère de Guy, s'installa botaniste à Antibes. À partir du 5 mai 1886, il loua dans le quartier de la Pinède une exploitation de vingt et un hectares. Guy en paiera le fermage annuel de mille cinq cents francs.

— Le jardin n'a pas changé depuis l'époque de Maupassant ?

— Non, il y avait de la sauge, du romarin, des orangers comme aujourd'hui. Mais devant la maison s'étendaient des champs de blé, de figuiers et de vignes.

Nous entrons à l'intérieur. Dans le salon recouvert de tomettes, une photo accrochée au mur : Maurice Muterse en uniforme de lieutenant. Il porte la barbe, une montre à gousset, une cravate.

— Dans cette pièce, dit Jean-Nicolas Aussel, Maupassant a achevé *Mont-Oriol.* La dernière page porte la mention : « *Antibes, Villa Muterse, 1886.* »

Dans une lettre du 6 octobre 1902, Maurice Muterse se souviendra de son illustre locataire : « Il n'avait pour tous matériaux qu'une table avec du papier blanc, de l'encre et des plumes d'oie, et un feu d'enfer dans la cheminée, une température minimum de 20° lui étant, disait-il, indispensable pour travailler. Il se promenait de long en large dans la pièce, composait sa phrase, s'asseyait et la couchait d'un seul trait sur le papier, reprenait sa promenade, écrivait de la même façon la phrase suivante, et ainsi de suite jusqu'à la dernière ligne. »

— Vous savez, si Maupassant a sympathisé avec mon grand-père, c'est parce qu'il était marin. Il entretenait son bateau le *Bel-Ami.* Je vais vous montrer un petit trésor.

C'est une lettre de décembre 1888 adressée de Tunis à Maurice Muterse. Maupassant lui y demande de surveiller les réparations du *Bel-Ami.* Le doublage en cuivre de la coque lui coûtera deux mille francs. Aveu pathétique : « Je ne sais même pas si je me servirai de ce bateau — tous les médecins m'ordonnent d'éviter la mer, avec une telle concordance qu'ils finissent par m'imposer leur opinion. »

Chambre de Maupassant, deuxième étage. Un escalier à la rampe de fer y conduit. Pièce ample disposant d'une salle d'eau. De ses fenêtres, Maupassant contemple le cap d'Antibes, au loin. Au mur, un portrait d'homme moustachu aux cheveux noirs, habillé d'une veste italienne à liseré rouge.

— Ce tableau, dit Jean-Nicolas Aussel, a sans doute été peint par Alice Daudel, la femme de Maurice Muterse. Il a été fait de mémoire. On m'a toujours raconté qu'il représentait Maupassant.

Cheveux mouillés, coiffés en arrière, cou de taureau. Dans la réalité, son nez était moins long. Toile de belle facture aux couleurs chaudes, où dominent le rouge et le noir.

Après la villa Muterse, il trouve à Antibes, dans le quartier calme de la Badine, une autre maison à louer, le Chalet des Alpes. Une maison haute, plus récente, toujours aux tons rose et pistache. Elle jouxte, aujourd'hui, la rue Paul-Bourget, du nom de l'ami de Maupassant. Coïncidence plaisante. Façade intacte, intérieur transformé. Au dernier étage, vue sur les Alpes : « Par les fenêtres au sud, le cap avec son immense fouillis de verdure aux reflets argentés ; plus à droite, le golfe Juan et les îles de Lérins se voient très bien », note François Tassart.

L'actuel propriétaire du Chalet des Alpes, Georges Dagro, est justement à la recherche des Mémoires du valet de chambre de Maupassant. Il nous reçoit à l'heure de l'apéritif : frontignan, pistaches autour d'une grande barre en bois de bateau transformée en table de salon. Après avoir été scaphandrier dans la Marine nationale, Georges Dagro a créé une entreprise de travaux sous-marins. Baroudeur sympathique, il mesure chacun de ses gestes comme pour économiser sa respiration. Il voyage. Il a rencontré sa femme, une

Argentine, dans la cordillère des Andes. Lui aussi a découvert deux trésors : un champ d'amphores antiques au large du cap Corse et une lettre de Maupassant au receveur des douanes datée du 17 octobre 1886.

— Je l'ai achetée en salle des ventes, dit Georges Dagro avec l'accent lent du Midi.

« Je soussigné Henri, Albert, Guy de Maupassant, demeurant à Paris, 10, rue de Montchanin et actuellement à Antibes, Chalet des Alpes, déclare à Monsieur le Receveur des Douanes à Antibes, qu'ayant acheté à M. le Comte de Lagrange par acte signé et enregistré à Antibes le 13 octobre courant le côtre *Audacieux* de 9 tonneaux 56 appartenant au port de Monaco, je désire que ce bateau de plaisance soit attaché désormais au port d'Antibes et reçoive le nom de *Bel-Ami*, en remplacement de celui qu'il porte actuellement. »

Quelque temps après, il fera l'acquisition d'un bateau encore plus gros, un yacht de près de quinze mètres avec salle à manger et cabines : le *Bel-Ami II*. À son bord, il écrira l'un de ses plus beaux récits : *Sur l'eau*. Un journal de voyage hétéroclite réunissant des papiers collés, des impressions. C'est la confession de Maupassant. Un morceau d'autobiographie écrit dans l'urgence, une sorte de journal de bord : notations de plaisance sur le lever du soleil, les vents, les courants, les manœuvres de ses deux marins, Bernard (le capitaine) et Raymond (le second), sur la navigation de nuit, les poulies qui grincent; tableaux maritimes des îles de Lérins. Les plus belles pages traitent de la solitude en mer.

Au fond de son âme, une voix s'élève, familière et cruelle « qui nous reproche tout ce que nous avons fait et en même temps tout ce que nous n'avons pas fait, la voix des vagues remords, des regrets sans retour, des jours finis, des femmes rencontrées qui nous auraient aimés peut-être, des choses disparues, des joies vaines, des espérances mortes... ». Cette voix qui a fait de lui un écrivain. Il a « tout convoité sans jouir de rien ». Un animal triste ayant deux âmes, celle des mortels, et celle qui « commente chaque sensation ». Il dresse un réquisitoire de sa condition d'écrivain. Une damnation qui empêche la spontanéité et le sentiment puisque Maupassant dissèque le cœur des femmes. Il ne peut effacer de sa mémoire les événements qui l'ont marqué ou attristé. Comme cette famille pauvre de paysans ravagés par la diphtérie. Il se souvient d'un jour d'hiver, en Normandie, où il avait aidé un médecin à faire boire une mère et sa fille atteintes par la terrible maladie.

La mer est son recours. Il avoue sa phobie des autres qui sur terre l'étouffent, le persécutent : hommes et femmes se collant à l'homme célèbre comme à de la glu. Maupassant, le clandestin, cet albatros embarquant sur son grand oiseau blanc, rêve d'un Orient « clair et chaud » où il s'abrutirait de soleil.

Seul, sur la mer, voilà le rêve de Maupassant. Il espère une ascèse, une diététique contre l'ennui, la maladie. *Sur l'eau* est donc un texte-manifeste, son pavillon de la liberté. Tous les liens sont factices. Nous n'appartenons à personne : « Ainsi que nous restons seuls, malgré tous nos efforts, de même nous restons libres malgré toutes les étreintes. »

Il souffre aussi de la solitude. À Paris, dans les mondanités, il est isolé comme un sourd. Bien sûr, il lui arrive de faire du cabotage libertin, d'emmener amies et princesses à bord de son yacht. Mais où est le vrai Maupassant ? Seul à la barre, dans sa veste de mouton retourné face aux embruns, aspirant la vie, renaissant enfin. Le ciel du Sud, les couchers de soleil au pied des remparts d'Antibes, les nuits du golfe de Juan. Les lumières qui semblent autant de petites bougies au phosphore se miroitant dans l'eau. C'est peut-être aussi cela le bonheur pour Maupassant.

Du Chalet des Alpes, il surveille le mât du *Bel-Ami*.

— Quand je l'ai acheté, l'intérieur était dans un triste état, raconte Georges Dagro. Nous avons tout refait du sol au plafond.

Le 23 février 1887, Maupassant et François Tassart subiront un tremblement de terre. Des fissures obligeront l'écrivain à quitter sa chambre et son bureau pour s'installer dans la partie basse de la maison, une galerie vitrée qui abrite aujourd'hui la cuisine. Au même moment, à Nice, Nietzsche se promène, allègre, au milieu des ruines.

Hors séisme, Maupassant rejoint le vieil Antibes, passe par la cathédrale, longe les remparts, le port de la Salis, monte par un sentier pierreux et couvert, l'hiver, de feuilles mortes jusqu'au phare de la Garoupe, visite la chapelle décorée d'ex-voto marins. De là-haut, en hiver, la Méditerranée ressemble à un lac italien. Il se promène le long du cap désert comme une lande bretonne, admire le jeu des bleus avec le soleil. Désormais le cap d'Antibes est verrouillé par les portails électroniques de villas grosses comme le Ritz, mais derrière, au pied des rochers, la liberté des mers.

Déjeuner au cap d'Antibes avec Annick et Pierre Joannon chez leur ami Raymond Eddé, un avocat libanais qui se présente aux élections législatives et présidentielles de son pays. À la table qu'il préside, devant la mer, il a réuni des hommes d'affaires, un Suédois travaillant à Londres dans une banque japonaise, des dirigeants de Sofia-Antipolis, la Silicon Valley niçoise. Je suis assis à côté de la maîtresse de maison, une Américaine, élevée en France et en Allemagne.

— Et vous, monsieur, que faites-vous ? me demande-t-elle de la voix élégante, distanciée d'une héroïne de Drieu la Rochelle.
— J'écris un livre sur Maupassant.
— Très intéressant !

Autour d'un mézé, devant la mer, je retrouve l'atmosphère cosmopolite de Beyrouth : *Business* négocié en français, anglais, arabe. Pourquoi Maupassant n'a-t-il jamais été au Liban ? Je l'imagine dans la montagne embrumée du Chouf, à Tyr, face à la mer. Aujourd'hui, à Beyrouth, une rue porterait son nom, à côté de celle de Maurice-Barrès.

Maupassant préférera émigrer à Cannes. À cause du *Bel-Ami*, il veut accéder rapidement au port. Il loue la villa Continentale, près de la villa Isadora. La maison donne sur un champ, une remise de charrues. Elle domine la mer. Un moment, Maupassant songe à acheter une villa à Juan-les-Pins. Mais il renonce : François Tassart la trouve humide.

Point de chute mondain, Cannes est un lieu d'observation pour Maupassant. Il revient à ses premières amours. Il a découvert la Côte d'Azur par cette ville. Il donne de grands dîners en l'honneur de la société aristocratique de Cannes. Là, sans doute a-t-il l'impression de prendre sa revanche. À son arrivée à Cannes, il est personnellement accueilli par le chef de gare. À bord du *Bel-Ami*, il vogue vers Saint-Raphaël, Saint-Tropez, touchera l'Italie. Il écrit *Fort comme la mort*. Il se déplace sur la côte à vélocipède. Sa mère vit à Nice, Villa des Ravenelles. Souvent il ira déjeuner chez elle et jouera avec sa petite nièce, Simone, la fille d'Hervé.

Enfin, il se décide à louer à Cannes une villa, toujours rose et aux volets pistache, plus petite que le Chalet des Alpes, située sur la route de Grasse, non loin du cimetière et qui jouxte la propriété de la veuve de Littré : le Chalet de l'Isère. La maison du calvaire. Une plaque est posée sur le mur extérieur : « *Dans cette maison séjourna pendant les dernières années de sa vie Guy de Maupassant 1850-1893.* »

Maupassant y résidera peu de temps. Douleurs oculaires, vertiges, insomnies, il prend du poids. Sa chambre est située au premier étage : « De la fenêtre de sa chambre, écrit François Tassart, mon maître voit la pleine mer, la pointe de l'Esterel qui avance dans la nappe bleue et aussi le phare. »

Il essaie d'écrire *L'Angélus*. La fin de l'année 1891, au moment des fêtes de Noël, apporte son cortège d'angoisses. En se promenant, Maupassant voit une ombre dans le cimetière. Il souffre de problèmes d'élocution. Il a des sensations d'étranglement. Un soir en dînant il a l'impression qu'une arête de poisson lui perfore les poumons. Il redoute les microbes. Cannes est baignée par une lumière froide. La lune rattrape le soleil. Bientôt, l'éclipse. « Je suis absolument perdu, écrit-il à son ami Henry Cazalis, fin décembre 1891. Je suis même à l'agonie, j'ai un ramollissement du cerveau, venu des lavages que j'ai faits avec de l'eau salée dans mes fosses nasales. Il s'est produit dans le cerveau une fermentation de sel et toutes les nuits mon cerveau me coule par le nez et la bouche en une pâte gluante et salée dont j'emplis une cuvette entière. Voilà vingt nuits que je passe comme ça. C'est la mort imminente et je suis fou. Ma tête bat la campagne. Adieu ami, vous ne me reverrez pas. »

La tragédie se joue dans la nuit du 1er au 2 janvier 1892. Les fêtes de fin d'année sont souvent propices aux drames. Comme si la tristesse des êtres remontait à la surface de la fête obligée et collective.

Le Jour de l'An, Maupassant déjeune chez sa mère. Parmi

les autres invités, sa tante, sa belle-sœur, sa nièce, le docteur Balestre. À son arrivée, il a les yeux pleins de larmes, embrasse sa mère avec effusion. Pendant le déjeuner, il raconte une histoire et soudain déclare qu'il a été prévenu par *une pilule* d'un événement le concernant. L'assistance écarquille les yeux. Que vient faire cette *pilule* au milieu du déjeuner qui s'achève dans « un silence soucieux » selon les témoins ? Confus, Maupassant baisse les yeux, s'empresse de rentrer chez lui. Son double, son compagnon secret, vient de prendre la parole.

Le soir, il s'habille d'une chemise de soie. Il dîne normalement, ne boit que de l'eau, marche de long en large dans le salon et la salle à manger. Il prend une tasse de camomille, se plaint de douleurs dans le dos. Son valet lui pose des ventouses. Il mange du raisin, s'endort vers minuit et demi. Selon François Tassart, un porteur de dépêches sonne et lui tend un télégramme d'Orient. Le domestique ne réveille pas son maître. Il reconnaît « comme signature le prénom de la femme fatale ». Jamais cette mystérieuse correspondante n'a été identifiée. Est-ce Gisèle d'Estoc mais elle ne se trouvait pas alors en Orient. À deux heures moins le quart, François entend du bruit. Il se précipite vers le petit escalier qui mène à la chambre de son maître. Et là comme une apparition diabolique, il découvre Maupassant, la gorge ouverte : « Voyez, François ce que j'ai fait. Je me suis coupé la gorge, c'est un cas absolu de folie. » Il s'est servi d'un coupe-papier.

Aidé par le marin Raymond, François fait un pansement sommaire et appelle un médecin. Maupassant n'est pas mort. Le lendemain, il est livide, tient des propos confus : « François, vous êtes prêt ? Nous partons, la guerre est déclarée. »

Le 4 janvier, sur décision de Laure de Maupassant, un infirmier de la clinique du docteur Blanche arrive à Cannes.

François passe chez le boucher régler la note et annoncer leur départ. Le commerçant éclate en sanglots en apprenant que Guy de Maupassant a été victime d'un coup de folie.

Le 6 janvier, l'infirmier, accompagné de François, des marins Raymond et Bernard escortent Maupassant engoncé dans une camisole de force jusqu'au *Bel-Ami*. Ils espèrent un choc. Pour la dernière fois de sa vie, Maupassant regarde son beau bateau blanc qui, sans son maître, va mourir un peu. Il est calme, triste. Il s'abîme dans la contemplation du *Bel-Ami*, ne prononce aucune parole. Son escorte le conduit au wagon-lit qui l'emmène à Paris.

Cinquante ans plus tard, en 1943, Pierre Drieu la Rochelle rend visite à l'écrivain André Beucler réfugié à Cannes avec sa famille. Il porte un costume couleur terre de Sienne brûlée, une cravate « bâclée ». Son regard est « clair, interrogateur et nostalgique ». Drieu informe Beucler que son appartement est connu comme lieu de passage de clandestin.

Ils parlent alors de *La Vie de Guy de Maupassant* de Morand qui vient de paraître. Selon Drieu, Maupassant, c'est de la littérature pour chevaux de course mais il ne néglige rien de ce qui paraît sur lui « et bien que je ne sois ni fou ni malade, j'ai les mêmes idées quant à la mort volontaire ».

Drieu dit au revoir à Beucler : « Pour aller à la gare, je sais que je dois prendre à droite en sortant de chez toi, et descendre, mais je prendrai, à gauche, je voudrais m'arrêter un instant devant l'ancien Chalet de l'Isère. Maintenant que nous en avons parlé, c'est la moindre des choses. »

Pierre Drieu la Rochelle dont la famille était originaire de Normandie se suicida le 15 mars 1945.

Avant de quitter Antibes, je voudrais ne pas oublier le château Grimaldi : la salle Nicolas de Staël et ses tableaux

Le Fort carré d'Antibes, *Bateaux à Antibes*, *L'Atelier bleu* et l'immense, inachevé *Le Concert*, rouge du sang de Nicolas de Staël qui se suicida près des remparts, le 16 mars 1955. Les fenêtres s'ouvrent sur la mer. Sous le soleil, elle a une couleur améthyste. Au coucher, les nuages gris et rose semblent peints au couteau.

La nuit de Passy

Revoir Passy. Cette campagne à Paris. Au début du XVIIIe siècle, les vergers, les jardins dévalaient vers la Seine. Des folies furent construites au milieu des bois où coulaient des eaux sulfatées, ferrugineuses. Des banquiers offraient ces maisons de charme à leur maîtresse. Le fermier général, Le Riche de la Pouplinière, y donnait de somptueuses fêtes. On y dansait. Un recueil de contredanses a pour titre *Soirées de Passy*.

Surintendante de la reine Marie-Antoinette, la princesse de Lamballe née cent un ans avant Maupassant et morte cent un ans avant lui y possédait son hôtel particulier. Puis l'harmonieuse et classique propriété du XVIIIe, toute en longueur, s'ouvrant sur la Seine, fut transformée en maison de santé. Est-ce à cause de son ancien état d'hôtel particulier qu'une plaque posée sur le mur d'enceinte donne cette information touristique : « *Hôtel de Lamballe. Ont séjourné Gérard de Nerval en 1853 et 1854. Charles Gounod 1857. Maupassant de 1892 à sa mort en 1893* » ?

Quel est l'état d'esprit de Guy de Maupassant quand il entre dans le parc aux arbres décharnés, le 7 janvier 1892 ? Le train de Marseille est arrivé le matin, gare de Lyon. L'éditeur Ollendorff et Henry Cazalis, médecin, poète et ami de Maupassant attendent le malade, son valet et son infirmier. Un fiacre les emmène à Passy.

Quand il monte l'escalier d'honneur de l'hôtel de la rue Berton, d'un pas lourd, écrasé par sa camisole de force, Maupassant lève-t-il les yeux vers une autre propriété qui surplombe les jardins de l'hôtel de Lamballe ? Dans les anciens communs de cette folie de Passy, Balzac, poursuivi par les huissiers, avait trouvé refuge sous le nom de M. de Breugnol, et écrit *Une ténébreuse affaire, La Rabouilleuse, Splendeurs et misères des courtisanes, Le Cousin Pons.*

Les grilles de l'hôtel de Lamballe se referment. Monsieur de Maupassant ? Chambre 15 ! Deuxième et dernier étage d'une dépendance, non loin du préau des agités. Le répit aura duré une quinzaine d'années. Toute sa vie d'écrivain, Maupassant a été un homme malade. Il a écumé les villes d'eaux : Loèche, Châtelguyon, Divonne-les-Bains, Champel-les-Bains, Bagnères-de-Luchon, Aix-les-Bains, Plombières, Gerardmer. Les cures ne retarderont pas la curée. Il en a tiré un roman sans grand intérêt, qu'il n'aimait pas, où l'argent, l'adultère poussent autour des sources. *Mont-Oriol* vaut par sa peinture des paysages d'Auvergne (les champs et les coteaux lumineux) sa description de Châtelguyon (ses maisons grises) et le portrait de l'héroïne, Christiane Andermatt. Maupassant s'attachera à l'Auvergne comme à la Corse : une nature sauvage, des pierres brûlées par le soleil.

Le corps gorgé d'eau, fouetté par les douches, Maupassant ira vers la mort, ballotté par des médecins qui délivrent des diagnostics différents pour une maladie unique : la syphilis. Les rhumatismes, les douleurs lombaires, oculaires, les migraines, les vertiges, la fatigue, la folie en sont les symptômes. En 1891, le docteur Déjerine lui dira : « Vous avez eu tous les accidents de ce qu'on appelle la neurasthénie... C'est du surmenage intellectuel : la moitié des hommes de lettres et de Bourse est comme vous. »

L'opium, l'éther ont fouetté sa vie, stimulé son travail, sa lucidité, apaisé sa souffrance mais n'ont pu endiguer le mal. Il confiera à Laurent Tailhade : « On a dit que je prenais de l'éther, de la morphine, de la cocaïne, et c'est vrai, j'en ai pris, mais comme j'ai tout pris et parce qu'il me fallait tout prendre. Mais ce qui m'a tué et me tuera, c'est l'antipyrine... Ah! L'antipyrine... L'effet en est merveilleux. »

À son entrée dans la clinique du docteur Blanche, l'écrivain est déjà mort, le fou en sursis. La presse s'empare de son internement. Le 13 janvier, Émile Gautier signe un article fielleux : « L'auteur de *Notre cœur* aiguisait d'éther l'encre où s'est dissoute sa cervelle. Quelques gouttes de ce philtre quotidiennement versées dans son sang, il n'en fallait pas davantage pour faire éclater comme une noisette trop mûre la tête la plus solide, et transmuer un merveilleux ouvrier d'art en un invalide, un gâteux, un fou. »

Un autre journaliste, Louis Ganderax prend sa défense. Les vautours de la mondanité ont déjà fait de Maupassant un cadavre qui expie ses excès.

Au stade tertiaire, la syphilis se transforme en paralysie générale. La fameuse P.G. avec atteintes neurologiques. Le tableau clinique de ses manifestations a été décrit par Bayle et Fournier dès le XIXe siècle mais la neurosyphilis ne sera soignée qu'en 1917 grâce au Stovarsol sodique puis en 1943 par la pénicilline.

Quelles sont les traces de la folie dans l'œuvre de Maupassant ? Pour percer ce mystère, je suis allé à l'hôpital psychiatrique de Saint-Étienne-du-Rouvray, près de Rouen, l'un des plus vieux établissements de France. Il s'étend sur plusieurs hectares, accueille tous les malades de Haute-Normandie répartis dans des pavillons d'après leurs origines géographiques et non selon leur pathologie. Certains y résident depuis quarante ans. Les pavillons portent les noms de Gérard de Nerval, Arthur Rimbaud (pour les enfants), Paul Verlaine, Gustave Flaubert et Guy de Maupassant. Selon une légende inexacte, il y aurait séjourné. Existent encore des maisons de briques rouges où étaient logés autrefois les riches patients avec leurs domestiques. La décoration était à leur convenance.

Rendez-vous avec le chef de service de psychiatrie, le professeur Michel Petit. Mon frère, médecin, m'accompagne. Après avoir franchi la grille, je lui dis :

— Maupassant a conduit son frère Hervé dans un asile psychiatrique en lui faisant croire qu'il l'emmenait dans une maison à la campagne. J'espère que tu ne vas pas me faire enfermer.

Nous rions de cette coïncidence. Dans la cour, des patients qui se promènent comme des badauds ordinaires. Amateur de Flaubert, de Maupassant, le professeur Petit fume des cigarettes brunes légères.

— Vous avez connu des malades atteints de paralysie générale ?

— Oui, quand j'étais jeune interne.

— Comment se comportaient-ils ?

— Dans un état d'euphorie niaise. Ils n'avaient pas tous le génie de Maupassant.

Le professeur Petit me tend des photocopies de descriptions cliniques. Les premiers symptômes de la paralysie générale peuvent être des états d'excitation intellectuelle, érotique, sexuelle mais aussi des états dépressifs avec des bouffées confusionnelles où le malade se plaint de son corps qui le brûle, de son sang pourri.

— Est-ce que le travail de titan de Maupassant a été aiguisé par ces phases d'excitation ?

— C'est possible ! Mais elles sont contrebalancées par des périodes de neurasthénie.

Le faciès du patient est aussi atteint : tremblements, difficultés d'élocution, fibrillations de la langue.

— Ensuite, poursuit le professeur Petit, les troubles du langage, du comportement s'aggravent et glissent vers un syndrome délirant et démentiel.

Selon les manuels de psychiatrie, les manifestations cliniques de la paralysie générale sont variables d'un patient à l'autre. Toute personne atteinte, non traitée, est susceptible de développer une pathologie neurologique. Un choc émotionnel peut accélérer l'expression clinique de la paralysie générale.

— Quel serait, selon vous, le déclencheur chez Maupassant ?

— L'internement de son frère est évidemment à prendre en compte, répond le professeur Petit. En quelle année a-t-il été interné ?

— En août 1889 à l'hôpital de Lyon-Bron et il est mort en novembre. Vous voulez dire que la culpabilité a agi comme un accélérateur ?

— Absolument !

« Il m'a déchiré le cœur tellement que je n'ai jamais souffert ainsi, écrivit alors Guy de Maupassant. Quand j'ai dû partir, et quand on lui a refusé de m'accompagner à la gare, il s'est mis à gémir d'une façon si affreuse que je n'ai pu me retenir de pleurer, en regardant ce condamné à mort que la Nature tue, qui ne sortira pas de cette prison, qui ne reverra pas sa mère... Il sent bien qu'il y a en lui quelque chose d'effroyable, d'irréparable sans savoir quoi. »

— Peut-on dire à la lecture de *Lui ?* (1883), du *Horla* (1886) que Maupassant est fou ?

— Dans ces contes se manifeste un cas d'autoscopie, c'est-à-dire d'hallucination où l'on se voit soi-même. Ils ne prouvent en rien la folie de Maupassant. Il a suivi les leçons de Charcot. La psychiatrie et l'hypnotisme étaient alors en vogue. L'époque s'intéressait aux phénomènes étranges.

Le professeur Petit me montre un ancien ouvrage de psychiatrie consacré aux pseudo-hallucinations et aux représentations aperceptives où est analysé le cas du *Horla* : « Troubles subits de l'humeur, automatismes somnambuliques, conscience passagère de la nature morbide des troubles psychiques, tendances motrices ou impulsions inhibitrices dépersonnalisées, délire de persécution. » Ici, l'auteur salue « la précision impressionnante » de Maupassant mais n'est pas assuré qu'en écrivant *Le Horla*, « il se trouvait déjà à la période initiale de la paralysie générale, et qu'il a noté, dans cette nouvelle, les premiers symptômes de l'affection qui devait l'emporter ».

Dans ses contes, il ne faut pas négliger la portée ironique de la folie. Elle s'inscrit dans la vie quotidienne. Cette fêlure lézarde des hommes apparemment à l'aise dans la société. La folie donne une dimension prophétique à l'œuvre de

Maupassant, écrivain de tous les temps : elle brise les barrières de la réalité, permet d'accéder au fantastique, rend l'homme plus vagabond, plus libre.

En écrivain fasciné par les extrêmes et les dernières découvertes de la science, il s'est peut-être livré à une description des signes cliniques de l'autoscopie sans en être alors victime. C'est le dramaturge Porto-Riche qui lui donna l'idée d'écrire *Le Horla*, ce passager clandestin que nous abritons tous en nous. Son œuvre ne porte aucune preuve scientifique de démence. Il est vain d'en rechercher les strates dans sa vie avant les manifestations de la paralysie générale. Maupassant n'a pas hérité d'une folie familiale mais d'un terrain psychiatrique qui a donné une note personnelle à son mal. Sans la syphilis, il ne serait pas mort fou.

L'internement de son frère, l'hypersensibilité de sa mère l'ont marqué. Mais sa démence a des origines précises, identifiables. À partir de 1890, les symptômes de la paralysie générale sont évidents. Il ne travaille plus, cesse d'écrire *L'Angélus*. Les douleurs dans le cerveau et dans le dos deviennent suraiguës. Phases d'excitation, d'abattement ponctuées d'éclairs de lucidité : il affirme devenir fou.

À Passy, Maupassant est suivi par les docteurs Blanche, Meuriot et Franklin-Groult qui a épousé la nièce de Flaubert, Caroline Commanville (dont c'est le second mariage). Maupassant reste dans sa chambre avec François, se repose au salon, joue au billard, ou se promène dans le parc. Deux gardiens s'occupent particulièrement de lui : Léon Bispalié et Baron. Il leur raconte des plaisanteries avec verve, manifeste le désir de rentrer chez lui, rue du Boccador. Des amis viennent le voir, Henry Cazalis, Albert Cahen d'Anvers, Geneviève Straus, le critique de théâtre Henry Fouquier. Une année s'écoule.

Le 10 janvier 1893, le docteur Blanche vient le visiter. Il assiste à son déjeuner dans sa chambre, lui pose des questions. Le médecin confie à François : « Votre maître fait tout ce que vous lui demandez, c'est une bonne chose. Il a répondu juste à mes questions, tout espoir n'est pas perdu !... Attendons... » Mais fin janvier au cours d'une réception chez la princesse Mathilde, le docteur Blanche confie, selon Goncourt, que Maupassant est « en train de s'animaliser ».

Les délires sont de plus en plus fréquents. La nuit, le diable vient le visiter. Il se lave à l'eau minérale. Il craint d'être attaqué par des microbes. Il est atteint de mégalomanie : « Dieu a proclamé du haut de la tour Eiffel, à tout Paris que Monsieur de Maupassant est le fils de Dieu et de Jésus-Christ. » Il entend aussi les voix de Flaubert et de son frère Hervé. Le père spirituel et le frère qu'il a fait interner : « Hervé ! Hervé ! On veut me tuer ! Brûlez tous les papiers ! Tuez le gendarme ! » Ses délires sont presque des mots d'auteur. Toutes les victimes de la paralysie générale se voient atteintes d'idées mégalomaniaques. Il a l'impression que les médecins veulent l'assassiner avec des lavements au miel, que les syphilitiques de la maison de santé et la populace tentent de mettre fin à ses jours.

Le 18 février, il déclare : « Maupassant est mort. »

En mars, il est victime de convulsions épileptiques.

Un soir d'avril, il s'en prend à François Tassart qui est en train d'écrire à Mme de Maupassant : « Tout à coup, il me reprocha de m'être substitué à lui, au journal *Le Figaro*, et d'avoir médit de lui dans le ciel [sic]. Il ajouta : "Je vous prie de vous retirer, je ne veux plus vous voir..." Le lendemain, mon pauvre maître me reçut aussi bien que d'habitude et me demanda si nous irions bientôt chez lui, rue du Boccador. »

Dans le jardin, il enfonce des bouts de bois dans la terre :

« Plantons cela ici ; nous retrouverons l'an prochain des petits Maupassant. » Le cerveau de Maupassant n'est plus que de la gomme. Sa personnalité s'effondre. Les tendances instinctives se libèrent. Les médecins connaissent le pronostic. La locomotion est de plus en difficile. Maupassant a maigri. Méconnaissable.

En mai, Hermine Lecomte du Noüy lui rend visite : « il était assis dans la cour de l'asile, sous le ciel bleu, mais combien pâle, vieilli, affaibli ; une ombre. Je distinguais ses traits flétris, ses yeux rouges et éteints, les muscles détendus de ses mâchoires, qui lui faisaient comme des bajoues. Ses épaules s'étaient voûtées, et, de sa main maigre et pâle, il se caressait inconsciemment le menton ».

Les crises d'épilepsie vont se multiplier, surtout en juin. Il perd connaissance. Il ne reconnaît plus personne. Il jette à la tête d'un autre malade une boule de billard. La camisole de force est nécessaire. Maupassant va mourir. Il ne le sait plus. Le taureau triste agonise. Des banderilles sont enfoncées dans son cerveau. Il meurt dans la matinée du 6 juillet 1893 muni des sacrements de l'église. Son père apprendra la nouvelle à Sainte-Maxime en lisant le journal.

Deux jours après, ses obsèques sont célébrées à Saint-Pierre-de-Chaillot. Ni son père, ni sa belle-sœur, ni sa mère ne sont là. En revanche, Zola, Catulle Mendès, Heredia, Mallarmé, Jean Lorrain, Paul Alexis, Henri Céard et bien sûr François Tassart assistent à la cérémonie. Il voulait être déposé à même la terre mais sa mère n'a pas respecté son désir. Il est enterré dans un cercueil de chêne au cimetière du Montparnasse. Zola prononce l'éloge funèbre : « Ce qui nous frappait, nous qui suivions Maupassant de toute notre sympathie, c'était cette conquête si prompte des cœurs. Il n'avait eu qu'à paraître et qu'à conter ses histoires, les tendresses du grand public étaient aussitôt allées vers lui. Célèbre du jour au lendemain, il ne fut même pas discuté, le bonheur souriant semblait l'avoir pris par la main pour le conduire aussi haut qu'il lui plairait de monter. Je ne connais certainement pas un autre exemple de débuts si heureux, de succès plus rapides et plus unanimes...

« Lui, grand Dieu! Lui frappé de démence! Tout ce bonheur, toute cette santé coulant d'un coup dans cette abomination! Il y avait là un tournant de vie si brusque, un abîme si inattendu, que les cœurs qui l'ont aimé, ses milliers des lecteurs, en ont gardé une sorte de fraternité douloureuse, une tendresse décuplée et toute saignante. Je ne veux pas dire que sa gloire avait besoin de cette fin tragique, d'un retentissement profond dans les intelligences; mais son souvenir, depuis qu'il a souffert cette passion affreuse de la douleur de la mort, a pris en nous je ne sais quelle majesté souverainement triste qui le hausse à la légende des martyrs de la pensée. » Un livre de cuivre sera déposé sur la tombe.

Maupassant est enterré près d'un monument aux morts de la guerre de 1870. Dans la section 26, sa tombe en pierre ocre d'Euville est surmontée de deux colonnes. Seule inscription : *Guy de Maupassant.*

À la fin de ce récit, je suis allé m'y recueillir. C'était après la tempête qui dévasta la France du XXe siècle. Dans les cimetières, des caveaux avaient été fracassés par les arbres abattus. Le sapin qui protégeait la tombe de Maupassant n'a pas résisté à la tornade. Sur sa tombe entourée d'une petite barrière de fer, des fleurs naturelles, des roses blanches, des violettes ont été déposées. Il y a sept ans, le livre de cuivre a été volé.

Mais en me penchant, j'ai trouvé une feuille de papier blanc trempée par la pluie, recouvert d'une écriture ronde de jeune fille :

« *Guy, mon cher Guy,*
« *À errer parmi les tombes à la recherche de la tienne, je semblai inverser les rôles, toi le mort que je chéris tant et moi dans le désespoir de voir ta pierre s'ébranler. J'ai parcouru des centaines de kilomètres pour venir te voir, toi l'écrivain tellement en avance sur ton temps. Tu me manques autant que si je t'avais physiquement connu. J'ai toujours rêvé de t'écrire.*

« *Tiphène.* »

Un écrivain rêve qu'après sa mort le cœur des jeunes femmes battra pour lui. La lettre d'amour de Tiphène m'a semblé laver le supplice de Guy de Maupassant.

Sa tombe est à l'étroit dans le cimetière. Que fait-il à Paris? À Montparnasse, lui si rive droite. Le calvaire continue. Êtes-vous bien consciente, Laure de Maupassant, d'avoir enfermé votre fils pour l'éternité? Paris, vous en rêviez! Dernière marche de l'ascension sociale. Pas une seule fois, vous n'êtes venue le voir dans son ultime prison. De « votre cher mort », vous avez voulu sauver la réputation. C'était un sauvage, éthéromane, érotomane. Un écrivain indomptable, un clandestin derrière sa célébrité. L'un de nos mal-aimés. Vous l'avez chéri.

Je l'aurais imaginé au cimetière marin de Varengeville, près de Mironesnil, à côté de la tombe de son ami Georges de Porto-Riche, le dédicataire des *Sœurs Rondoli*. Maupassant n'a jamais parlé de Varengeville, où peignirent Monet, Isabey, plus tard Braque, Michel Ciry. Un cimetière sur la mer, au bord d'une falaise qui s'écroulera dans la Manche. La Normandie aurait dû exiger le retour de Maupassant. Toi, l'enfant du pays, reviens parmi nous ! Au cimetière d'Étretat, Alexandrine-Clarisse, Marie-Céleste, Pauline-Adèle, les trois cloches de l'église romane, auraient veillé sur lui. Au sommet de la falaise d'Aval, devant la chapelle Notre-Dame, il aurait dominé la mer : un monument seul, fier comme la tombe de Chateaubriand sur le Grand-Bé. Nous aurions trouvé un prétexte supplémentaire pour venir, l'hiver, à l'hôtel Dormy House, regarder la mer, la vie du balcon de la chambre 33.

ÉPILOGUE

Août en Normandie. Je vais chercher Bernard Frank à Équemauville, chez Françoise Sagan. Nous buvons un verre de vin blanc. Je ne sais pourquoi, j'ai l'impression de me trouver à la Vallée-aux-Loups. Peut-être parce que Frank aime Chateaubriand. Nous prenons la route. Direction : Deauville. Nous passons à côté de Villerville où Henri Verneuil a tourné *Un singe en hiver.* La veille, le film passait à la télévision.
— Vous l'avez vu combien de fois ? me demande Frank.
— Je ne sais pas ! Deux ou trois.
— Je ne l'ai pas regardé hier soir. Je l'ai vu et revu.
Nous déjeunons Chez Marie, à Deauville. Bernard Frank fait toujours partager ses nouvelles adresses. Il est de bonne humeur. Nous parlons de ses œuvres complètes à paraître. Chaque semaine, il envoie sa chronique au *Nouvel Observateur*. En juillet, sous le titre « Université d'été », il en a consacré une à Maupassant : il « m'a toujours fait peur et c'est l'un des écrivains les plus lisibles qui soient ». Frank vient de lire une nouvelle édition de *La Main gauche* établie par Marie-Claire Bancquart : « Douze nouvelles que j'ai lues ou relues, comme d'habitude, avec passion, admiration et parfois

un certain dégoût. » Il évoque la vie sinistre de Maupassant, ses muscles de rameur, son amour de la marche : « On pourrait l'appeler aujourd'hui : l'Hemingway d'Étretat. Maupassant c'était pour les Français tout un programme : pêche et chasse. »

Jeune homme, l'Américain s'est mesuré au Français. En 1949, Hemingway écrit à son éditeur Charles Scribner : « Pour votre information j'ai débuté en essayant de battre des écrivains morts dont je savais combien ils étaient bons... j'ai commencé par Mr. Tourgeniev et ça n'a pas été trop dur. Suis passé à Mr. Maupassant (refuse de lui concéder la particule) et ça a pris quatre de mes meilleures histoires pour le battre... »

Si Maupassant avait vécu plus de soixante-dix ans, il aurait pu recevoir ce jeune insolent à bord du *Bel-Ami*. Ils auraient navigué ensemble, tiré des bords au large des îles de Lérins. Dans *Le Figaro littéraire*, Jean-Marie Rouart a imaginé Maupassant survivant à la syphilis et lançant Hemingway dans le Paris mondain et littéraire. Tous les deux ont fait la guerre, bu comme des trous, gonflé leurs biceps, aimé les femmes, la nature, la marche, le sport. Ils ont écrit dans un style nu, blanc, refusant la formule, la pirouette française. Une pureté qui atteint une certaine tendresse. Ils ont commencé par la nouvelle, fini par le suicide. L'un a manqué sa tentative, le second ne s'est pas loupé. Dans l'arène, Hemingway le matador agite un drap rouge devant les yeux pleins de sang de Maupassant, le taureau triste qui pense une dernière fois à Flaubert. Avant de mourir, l'animal donne un peu de son souffle à son adversaire. C'est un adoubement, une autre passation de témoin.

À Deauville, du restaurant, je vois le casino de Trouville, devine la statue de Flaubert. À côté de nous déjeunent un fils et sa vieille mère. Il parle fort, s'inquiète de son héritage, l'interroge sur son banquier, considère qu'elle loue un appartement trop grand, trop onéreux.

— C'est du Maupassant, bougonne Bernard Frank.

Je le raccompagne à Équemauville. Prends l'autoroute, laisse à ma gauche Étretat, Fécamp. J'ai oublié de lui parler de *Maupassant et l'autre*, un livre d'Alberto Savinio, le Bernard Frank italien. J'espère que je le reverrai avant l'hiver. Je m'enfonce dans le pays de Caux. Il pleut.

Bibliographie

ŒUVRES DE GUY DE MAUPASSANT

Œuvres complètes illustrées, 30 volumes, Ollendorf, 1899-1904, 1912.
Œuvres complètes, 29 volumes, édition de Pol Neveux, Conard, 1907-1910.
Contes et nouvelles, 2 volumes, *Romans*, 1 volume, édition Albert-Marie Schmidt avec la collaboration de Gérard Délaisement, Albin Michel, 1956, 1957, 1959.
Contes et nouvelles, 2 volumes, *Romans*, 1 volume, édition de Louis Forestier, Gallimard, « Bibliothèque de la Pléiade », 1974-1979 et 1987.
Chroniques, 3 volumes, édition établie par Hubert Juin, UGE, collection « 10/18 », 1980.
Contes et nouvelles, Romans, 2 volumes (plus *Quid* de Guy de Maupassant), édition de Dominique Frémy, Brigitte Monglond et Bernard Bénech, Robert Laffont, collection « Bouquins », 1988.

CORRESPONDANCE

De Maupassant :

Correspondance inédite, édition d'Artine Artinian et Édouard Maynial, Wapler, 1951.

Correspondance, 3 volumes, édition de Jacques Suffel, Le Cercle du Bibliophile, Évreux, 1973.
Correspondance Flaubert/Maupassant, édition d'Yvan Leclerc, Flammarion, 1993.

De Flaubert :

Correspondance, 4 volumes, édition de Jean Bruneau, Gallimard, « Bibliothèque de la Pléiade », 1973-1998.

OUVRAGES SUR GUY DE MAUPASSANT
(SOUVENIRS, TÉMOIGNAGES ET CRITIQUES)

AUBOURG Lucette : *L'Hostellerie des Vieux Plats, Le Rendez-vous des célébrités*, Bertout, 1998.
BANCQUART Marie-Claire : *Maupassant conteur fantastique*, Archives des Lettres modernes, 1976.
BASHKIRTSEFF Marie : *Nouveau journal inédit*, Éditions de la Revue, 1901. Édition intégrale, L'Âge d'Homme, 1999.
BAYARD Pierre : *Maupassant juste avant Freud*, Minuit, 1994.
BIENVENU Jacques : *Maupassant, Flaubert et le Horla*, Éditions Muntaner, 1991.
— *Maupassant inédit*, Edisud, 1993.
BLOCH-DANO Évelyne : *Chez Zola, à Médan*, Christian Pirot Éditeur, 1999.
BONNEFILS Philippe : *Parfums*, Galilée, 1995.
BOREL Pierre : *Le destin tragique de Guy de Maupassant*, Éditions de France, 1927.
— *Maupassant et l'androgyne*, Les Éditions du Livre moderne, 1994.
BOURLANGES Angéline : *Les Promenades de Maupassant*, Chêne, 1993.
BROCHIER Jean-Jacques : *Maupassant, 1er février 1880*, Lattès, collection « Une journée particulière », 1993.
BURY Marianne : *La poétique de Maupassant*, SEDES, 1994.
CHESSEX Jacques : *Maupassant et les autres*, Ramsay, collection « Affinités collectives ».
COGNY Pierre : *Maupassant, l'homme sans Dieu*, La Renaissance du livre, 1968.

DAHAN Philippe : *Guy de Maupassant et les femmes*, Éditions Bertout, 1996.
DELAISEMENT Gérard : *Maupassant journaliste et chroniqueur*, Albin Michel, 1956.
— *Guy de Maupassant, le témoin, l'homme, le critique*, CNDP Orléans-Tour, 1984.
D'ESTOC Gisèle : *Cahier d'amour*, Arléa, 1993.
DOUCHIN Jacques-Louis : *La vie érotique de Maupassant*, Éditions Suger, 1986.
DUFILS Lucien : *La mystérieuse naissance de Guy de Maupassant*, La Pensée Universelle, 1986.
DUMESNIL René : *Guy de Maupassant*, Tallandier, 1947, réédition 1999.
GERVEX Henri : *Souvenirs*, Flammarion, 1924.
GONCOURT Edmond et Jules de : *Journal*, Fasquelle et Flammarion, 1956, réédition par Robert Laffont, collection « Bouquins », 1989.
JAMES Henri : *Sur Maupassant, l'art de la fiction*, Éditions Complexe, 1987.
JOANNON Pierre : *La Riviera de Maupassant*, Demaistre, 1997.
LANOUX Armand : *Maupassant, le Bel-Ami*, Fayard, 1967, réédition « Le Livre de Poche », 1979.
LEMAITRE Jules : *Les Contemporains*, Lecène et Oudin, 1885.
LEROY-JAY Hubert : *Maupassant mon cousin*, Éditions Bertout, 1993.
LUMBROSO Alberto : *Souvenirs sur Maupassant*, Bocca frères éditeurs, 1905, réédition Slaktine, 1981.
MAYNIAL Édouard : *La Vie et l'Œuvre de Guy de Maupassant*, Mercure de France, 1906.
MORAND Paul : *Vie de Guy de Maupassant*, Flammarion, 1942, réédition Pygmalion, présentation de Marcel Schneider, 1998.
NORMANDY Georges : *La fin de Maupassant*, Albin Michel, 1927.
POUCHAIN Gérard : *Promenades en Normandie avec un guide nommé Guy de Maupassant*, Éditions Charles Corlet, 1994.
RÉDA Jacques : *Album Maupassant*, Gallimard, « Bibliothèque de la Pléiade », 1987.
SAVINIO Alberto : *Maupassant et l'« Autre »*, Gallimard, 1977.
A.F. SCHASCH Nafissa : *Guy de Maupassant et le fantastique ténébreux*, Librairie Nizet, 1983.
SCHMIDT Albert-Marie : *Maupassant par lui-même*, Le Seuil, collection « Écrivains de toujours », 1962, réédité en 1976.

TASSART François : *Souvenirs sur Guy de Maupassant*, Plon, 1911.
— *Nouveaux souvenirs intimes sur Guy de Maupassant*, Nizet, 1962.
TOUGARD Robert : *À la rencontre de Maupassant au « séminaire d'Yvetot »*, de Robert Tougard, Éditions Robert Tougard, 1992.
TROYAT Henri : *Maupassant*, Flammarion, 1989.
VIAL André : *Guy de Maupassant et l'art du roman*, Nizet, 1954, réédité en 1994.

OUVRAGES COLLECTIFS

Maupassant et l'écriture, sous la direction de Louis Forestier, Nathan, 1993.
Maupassant (1850-1893) Catalogue de l'exposition. *Maupassant et l'impressionnisme, Maupassant, une vie, des œuvres*, Musée des Terre-Neuvas, Fécamp, 1993.
Maupassant et les pays du soleil, sous la direction de Jacques Bienvenu, Klincksieck, 1999.
Maupassant multiple, Presse universitaire du Mirail, 1995.

DIVERS

BURNAND Robert : *La vie quotidienne en France de 1870 à 1890*, Librairie Hachette, 1947.
BURRUS Manuel : Paul Morand, *voyageur du XXe siècle*, Librairie Séguier, 1986.
CARIOU André : *Les peintres de Pont-Aven*, Ouest-France.
DÉCAUDIN Michel et LEUWERS Daniel : *Histoire de la littérature française, de Zola à Apollinaire*, G.F. Flammarion, 1996.
FOGEL Jean-François : *Morand-Express*, Grasset, 1980.
GEORGEL Pierre : *Courbet, le poème de la nature*, Gallimard, collection « Découvertes », 1995.
GUITARD-AUVISTE Ginette : *Paul Morand*, Hachette, 1981.
HURET Jules : *Enquêtes sur l'évolution littéraire*, José Corti, 1999.
DE LIEDEKERKE Arnould : *La Belle Époque de l'opium*, La Différence, 1984.
LINDON Raymond : *Étretat*, Minuit, 1963, réédité en 1999.

S. Lynn Kenneth : *Hemingway*, Payot, 1990.
Pomarède Vincent et de Wallens Gérard : *Corot, La mémoire du paysage*, Gallimard, collection « Découvertes », 1996.
Raczymow Henri, *Pauvre Bouilhet*, Gallimard, collection « L'un et l'autre », 1998.

Revues

Bulletin Flaubert-Maupassant, Amis de Flaubert-Maupassant, Hôtel des Sociétés Savantes, 190, rue Beauvoisine, 76000 Rouen.

Bulletin de l'association des Amis de Guy de Maupassant, L'Angélus, 148, boulevard de la Libération, 13004 Marseille.

Bulletin de l'association des Amis de la Maison Fournaise, Hôtel de ville, B.P. 44, 78401 Chatou Cedex.

Europe, août-septembre 1993.

Magazine littéraire, mai 1993.

Mercure de France, 1er juin 1922, 1er septembre 1928.

Remerciements

Ils m'ont apporté leur témoignage, aidé dans mes recherches, relu et soutenu. Qu'ils en soient ici remerciés.

Mlle Lucette Aubourg, M. Jean-Nicolas Aussel, Mme Pascale Boustie, Mme Jacqueline Brault, le contre-amiral Jean-Pierre Beauvois, Mme Mireille Bialeck, Mme Marie-Thérèse Caloni, Mlle Laurence Caracalla, M. Henri Claudel, M. Jean-Luc Coatalem, Mme Annie Cognacq, Mme Marie-Claude Courdert, M. et Mme Georges Dagro, M. Bernard Frank, M. Pierre Debru, M. et Mme Jean-Hervé Donnart, M. Benoît Duteurtre, M. et Mme Thierry Frébourg, Mme Isabelle Gallimard, Mme Claudine Gossein, M. et Mme Patrice Guérard, M. et Mme Pierre Joannon, M. Jean-Paul Kauffmann, le capitaine de vaisseau Olivier Lajous, M. Constant Lecœur, M. et Mme François Lemaître, M. et Mme Jean-Paul Lepettey, M. Bernard Le Saux, M. Arnould de Liedekerke, Mme Solange de Mailly-Nesle, M. Michel Mohrt de l'Académie française, M. Jean-Marc Parisis, Mme Martine Pastor, M. Laurent Personne, le professeur Jean-Michel Petit, M. Joël Schmidt, M. Vincent Sébire, M. et Mme Jean Sulpice, le capitaine de frégate Serge Thébault, M. Denis Tillinac, le capitaine de vaisseau Jean-Marie Van Huffel, Mme Jeannine Vieuxtemps, le comte et la comtesse Thierry de Vogüé.

Avant-propos 13

PREMIÈRE PARTIE

Le songe de Miromesnil 19
D'où venons-nous ? Que sommes-nous ? Où allons-nous ? 27
Vue sur mer 38
Le bonheur à Étretat 44
Le cœur du pays de Caux 49
L'apprentissage de la ville 58
L'Auberge du Cygne 66
Rue Royale 73
Trouville des bords de Seine 78
Passation de pouvoir 86

DEUXIÈME PARTIE

Au galop ! 97
Revoir Paris 113
Le feu 125
Dernier raout à Étretat 137

191

Les couleurs d'Antibes   150
La nuit de Passy   162

Épilogue   175

Bibliographie   181
Remerciements   189

Composition CMB Graphic.
Achevé d'imprimer par la
Société Nouvelle Firmin-Didot
à Mesnil-sur-l'Estrée, le 7 avril 2000.
Dépôt légal : avril 2000.
Numéro d'imprimeur : 50989.

ISBN 2-7152-1871-0/Imprimé en France.

8543